Varuna Holzapfel

Das Hexeneinmaleins
Weg einer Einweihung

W0175204

Smaragd Verlag

© Erstausgabe Smaragd Verlag, Neuwied, Oktober 1997
Covergestaltung: DTP Graphikdesign HUBER, Boppard
Satz: DTP-Service-Studio, Bad Hönningen
Druck: Kossuth AG, Budapest
Smaragd Verlag, Obergraben 30, 56567 Neuwied
ISBN 3-926374-54-3
· 1 2 3 4 5 / 01 00 99 98 97

Ich bin die, die zwischen den Welten wandelt.
Ich komme aus dem Nichts
und gehe ins Nirgendwo.
Und mit jedem Schritt, den ich mache,
entfernt sich mein Ziel weiter von mir,
denn der Weg ist in mir.
Hier und dort
und gestern und morgen
ist immer dasselbe.
Denn ich bin im Zentrum
zwischen den Unendlichkeiten.

Wölwa Rebana

Für meine Ahnen und Ahninnen, die mich zu der
gemacht haben, die ich heute bin.
Für die alten Götter und Göttinnen.
Für die HüterInnen der alten Wege
und für alle,
die die alten Kulte und Rituale nicht vergehen lassen.

INHALTSVERZEICHNIS

1. Teil

DAS HEXENEINMALEINS

2. Teil

EIN ALTER INITIATIONSWEG

VORWORT

Es war an Samhain im Jahre 1991, als ich meine
schamanistische Initiation erhielt.
Ich nahm die Hexenkräuter ein und bewegte mich im
Rhythmus der Musik, als ich plötzlich das Gefühl
hatte, daß noch jemand bei mir wäre. Ich sah mich
um und erblickte eine Gestalt, die von innen zu
leuchten schien. In ihrer Hand hielt sie ein geöffne-
tes Buch, das sie mir hinhielt. Ich blickte hinein und
sah Zahlen und Zeichen vor meinen Augen tanzen.
Obwohl ich nicht viel erkennen konnte, wußte ich
auf einmal, daß ich die Lösung eines alten Rätsels
vor mir hatte.

Es war das Einmaleins der Hexe, das Hexeneinmaleins, das sich hier vor mir offenbarte und sein Ge-
heimnis preisgab, den Einweihungsweg einer schamanistischen Religion, die durch die Inquisition ausgelöscht werden sollte.
Zum Glück hatte dieser alte Weg überlebt, da sich
niemand auf die wirr erscheinenden Zeilen des Verses einen Reim machen konnte.

"Mein Freund, die Kunst ist alt und neu.
Es war die Art zu allen Zeiten,
Durch Drei und Eins und Eins und Drei
Irrtum statt Wahrheit zu verbreiten.
So schwätzt und lehrt man ungestört;"

Johann Wolfgang von Goethe hat das Hexeneinmaleins in seinem Werk "Faust" benutzt und es damit bis in die heutige Zeit gerettet.

In jeder Gesellschaft, in der es Schamanen gibt, gab, bzw. gibt es bestimmte Wege zur Bewußtseinserweiterung, sogenannte Ausbildungswege. Durch die Verteufelung der alten Riten und Religionen in diesem Kulturkreis, bevor die moderne Religion des Christentums, teilweise mit Gewalt, hier Einzug hielt, ging vieles von dem alten, wertvollen Wissen unserer Vormütter und -väter verloren. Wissen, das wir heute so dringend benötigen würden. Wissen, das wahrscheinlich verhindert hätte, daß die Menschen sich von Mutter Erde abgewandt haben.
Einige Menschen, die erkannt haben, wie wichtig dieses alte Wissen in der Welt von heute ist, nehmen lange mühsame Reisen auf sich, um irgendwo, in Indien, Amerika, Afrika, Australien, auf Menschen zu treffen, die ihnen die alten Weisheiten mitteilen.
Andere bezahlen Unsummen für Seminare, in denen sie im Schnellverfahren zum Schamanen ausgebildet werden sollen. Doch der Beruf des Schamanen erfordert lebenslanges Lernen sowie eine natürliche Begabung. Der Weg des Schamanen bedeutet Erkenntnis durch Leiden. Das sollte sich jeder klar machen, der diesen Weg beschreiten möchte. Das Hexeneinmaleins braucht keinen Guru, keinen Führer. Es kann hilfreich sein, jemanden zu haben, der den Weg

bereits gegangen ist und der jetzt als Begleiter fungiert, notwendig ist es allerdings nicht. Jeder kann alleine damit arbeiten.

Damit dies möglich ist, ist es jetzt an der Zeit, daß das Hexeneinmaleins wieder dahin zurückkehrt, von wo es kam. Zurück in den Schoß der alten Religion.

DAS HEXENEINMALEINS

Die Hütte am Fuße des Berges

Eines Morgens erwachte Aria. Es war ein warmer Frühlingstag. Gestern war die Mutter mit ihr bei der Schamanin gewesen, und diese hatte beschlossen, daß sie jetzt alt genug wäre, um die Prüfung zu bestehen. Gleich am nächsten Tag sollte sie sich auf den Weg machen.
Dieser Tag war heute. Aufgeregt stand Aria auf und lief zur Mutter, die gerade das Frühstück zubereitete. Die Mutter küßte sie herzlich, hielt sie eine Armeslänge von sich weg und betrachtete sie: „Jetzt wirst du bald eine Frau sein." Dann ging sie hinüber zur Wand und öffnete eine alte Truhe.

Als sie sich wieder umwandte, hielt sie in der Hand einen Ledergürtel und das Messer, das für Aria zu ihrer Geburt angefertigt worden war.
Dieses Messer war der einzige Gegenstand, den sie auf der Suche nach ihrer Kraft, so nannten es die Alten, mit sich führen durfte. Sie mußte eine Zeitlang in die Wildnis, um dort ihre Kraft zu finden. Während dieser Zeit durfte sie nicht reden und nur das essen, was die Natur freiwillig gab. Das Messer sollte nur zum Bau einer Hütte benutzt werden, getötet werden durfte mit ihm nicht.

Aria nahm die Sachen schweigend entgegen. Die Mutter machte eine segnende Geste über ihr und brachte sie zum Ausgang des Hauses.

Aria trat hinaus auf den freien Platz, um den sich die Häuser der Dorfbewohner gruppierten. Hinter dem Dorf schlängelte sich ein kleiner Pfad eine Anhöhe hinauf, wo das Haus der Schamanin stand. Hinter ihrem Haus war der Zugang zur Höhle, zum Schoß der großen Mutter, den normalerweise nur die Priesterinnen und Priester betreten durften.

Aria sah zum Haus der weisen Frau hinüber und erinnerte sich wieder an die Anweisungen, die ihr gestern gegeben wurden: „Gehe in die Richtung auf die Sonne zu, dann wirst du zum heiligen Berg kommen. An seinem Fuße ist eine Quelle, die von einem Hain umstanden wird. Betrete diesen Ort mit Ehrfurcht, denn er ist heilig. Hier wirst du dich nun aufhalten, bis der Sichelmond erscheint. Du darfst nichts töten und kein Fleisch essen. Die einzige Nahrung, die du zu dir nehmen darfst, ist die, die dir die Große Mutter freiwillig gibt. Auch das Wasser aus der Quelle darfst du trinken. Vergiß aber nicht, der Hüterin der Quelle, einer Nymphe, zu danken."

An diese Worte dachte sie, als sie sich jetzt der Sonne entgegenwandte und ihren Weg begann.

Sie war schon ziemlich lange gewandert. Erst durch den Wald, dann durch eine Steppe und dann wieder durch einen Wald.

16

Sie war hungrig und durstig, wollte aber erst rasten, wenn sie den heiligen Berg gefunden hatte. Die Schatten wurden kürzer und die Sonne erreichte ihren höchsten Stand. Da sah sie den heiligen Berg am Horizont auftauchen. Je näher sie kam, desto deutlicher wurden seine Umrisse. Ja, er sah wirklich aus wie ein schlafender Drache.

Völlig erschöpft erreichte sie den Fuß des Berges, trank von dem klaren Quellwasser, nachdem sie der Hüterin gedankt hatte, legte sich unter einen alten Baum und schlief ein. Morgen würde sie die Hütte bauen und die Gegend kennenlernen.

Am nächsten Morgen erwachte sie mit knurrendem Magen. Alles tat ihr weh und sie sehnte sich nach Hause, nach ihrer Mutter. Doch sie hatte wenig Zeit, Heimweh zu empfinden. Sie ging zur Quelle, dankte und trank das kühle Wasser. Dann machte sie sich daran, aus abgestorbenen Ästen und Zweigen eine kleine Hütte zu bauen, die ihr als Schlafplatz dienen sollte.

Als die Hütte fertig war, machte sie sich auf die Suche nach Beeren, die sie heißhungrig verzehrte.

Mit den Tagen gewöhnte sie sich an das Hungergefühl. Manchmal jedoch fühlte sie sich wie von einem Nebel eingehüllt, der ihre Umgebung in ein eigenartiges Licht tauchte.

Eines Tages wurde sie mit einem merkwürdigen Gefühl wach, das sie den ganzen Vormittag über nicht mehr losließ. Gegen Mittag hörte sie aus den Büschen ein Geräusch, das nur von einem sehr großen Tier stammen konnte. Angst überkam sie. Sie war allein in der Wildnis. Niemand konnte ihr helfen.

Doch tief in ihrem Inneren wußte sie, daß sie sich dieser Angst stellen mußte. Sie bewegte sich auf das Gebüsch zu, als es sich plötzlich teilte und der Kopf eines Wolfes zum Vorschein kam.

Erneut überfiel Aria Angst, als das ungewöhnlich große Tier auf sie zukam und vor ihr stehenblieb.

Aria sah den Wolf an, blickte ihm direkt in die Augen und sah, daß sie tiefschwarz waren. Auf einmal schien es ihr, als würde sie die Stimme des Wolfes in ihrem Kopf hören. „Hab keine Angst. Ich bin, wonach du gesucht hast. Ich bin deine Kraft. Ich habe dich schon lange beobachtet. Aus dir wird einmal eine sehr geachtete Frau werden und deshalb sollst du den Namen Akina tragen, das bedeutet ‚die Hüterin der Kraft'."

Aria nickte mit dem Kopf als Zeichen, daß sie verstanden hatte und blickte den Wolf erneut an. Die Augenfarbe schien sich geändert zu haben, denn sie war jetzt grau. Auch die Stimme in ihrem Kopf war verstummt.

Sie schüttelte den Kopf. Hatte sie am hellichten Tage geträumt? Die Begegnung hatte sie verwirrt. Als sie nochmals den Wolf ansehen wollte, war dieser verschwunden.

In der folgenden Nacht hatte sie einen seltsamen Traum. Die Schamanin kam zu ihr und lächelte sie

18

an: „Ich sehe, du hast dein Krafttier gefunden, Akina. Es ist an der Zeit, daß du zurückkehrst, denn
schon bald wird dich der Ruf der Mondin ereilen."

Am nächsten Morgen verabschiedete Aria sich von
der Quelle und dem Berg und machte sich auf den
Weg zurück nach Hause. Sie dachte über das nach,
was ihr die Schamanin im Traum gesagt hatte. „Der
Ruf der Mondin wird dich bald ereilen." Die Frauen
hatten gesagt, daß man danach eine Frau sei. Aber
auch schon jetzt fühlte Aria sich nicht mehr als kleines Mädchen. Sie hatte ihr Krafttier gefunden und
einen neuen Namen erhalten.

Der Schoß der Großen Mutter

„Aria ist wieder da!" Ein Mädchen, das am Dorfrand gespielt hatte, erblickte sie zuerst und rannte nun auf den Dorfplatz. Arias Mutter trat vor ihre Hütte, um ihrer Tochter entgegenzugehen.

Von der kleinen Anhöhe herab kam die Schamanin mit den jungen Priesterinnen und Priestern. Die Mutter umarmte ihre Tochter und küßte sie. Dann sah sie sie ernsthaft an: „Ich sehe, du hast gefunden, wonach du gesucht hast. Schon bald wirst du in den Kreis der Frauen aufgenommen werden, dann wirst du nicht mehr meine kleine Tochter sein, sondern meine Schwester." Auch die Schamanin war jetzt bei Aria angelangt und begrüßte sie.

An diesem Abend schlachtete die Mutter eine Ziege und lud die Nachbarn zu einem Willkommensmahl ein. Sie saßen lange ums Feuer herum, und die Männer und Frauen erzählten alte Sagen über den heiligen Berg und die Geister des Waldes.

Am nächsten Tag stand Aria sehr früh auf, um mit ihrer Mutter zu frühstücken. Danach sollte sie zur Hütte der Schamanin kommen, denn es war Brauch, daß die Mädchen in der Zeit zwischen ihrer Suche und dem Ereilen des Rufes der Mondin bei der weisen Frau wohnten, die sie in den Dingen unterrichtete, die eine Frau wissen mußte.

Jeden Tag nun lernte Aria die alten Weisheiten. Sie lernte die verschiedenen Kräuter kennen, wo sie wuchsen und wofür man sie wie zubereiten mußte. Sie lernte den Lauf der Sterne und die Gesetze der Großen Mutter. Zuletzt wurde sie in die Wandlungsmysterien des Blutes eingeführt.

Dann, eines Tages, war die Zeit der roten Mondin gekommen. Aria erwachte mit einem leichten Unwohlsein. Die Schamanin sah sie prüfend an: „Der Ruf der Mondin hat dich ereilt." Sie schlug die Decke zurück und Aria sah, daß Blut zwischen ihren Schenkeln war. Jetzt war ihr Unwohlsein vergessen, sie wußte, daß heute der entscheidende Tag war. Die Schamanin brachte ihr eine Schüssel mit Wasser. Zitternd vor Aufregung nahm Aria die Schüssel entgegen. Sie wusch sich das Gesicht, die Hände und zuletzt wusch sie das erste Blut ab. Dann gab sie der weisen Frau die Schüssel zurück. Diese murmelte einige Worte darüber, tat Hafer und Gerste hinein und streute die Körner im Kreis vor der Hütte aus. Dann rief sie die Priesterinnen zu sich, um das Ritual vorzubereiten. Die Priesterinnen stimmten jetzt einen alten Gesang an, der den Frauen im Dorf den besonderen Tag verkündete. Dort brach plötzlich eine rege Tätigkeit aus, denn die Frauen begannen jetzt mit den Vorbereitungen für das Fest.

Arias Mutter hörte den Gesang und ging zu der Truhe, in der sie die Kleidung für ihre Tochter aufbewahrte, die sie in den vergangenen Tagen angefertigt hatte. Es waren Kleider für eine Frau. Sie nahm sie aus der Truhe und strich mit ihren Händen über den feinen Stoff. Dann wickelte sie sie zu einem Bündel zusammen und brachte sie zur Hütte der Schamanin. Diese nahm sie schweigend entgegen.

Aria durfte den ganzen Tag lang die Hütte nicht verlassen, und voller Aufregung hörte sie dem geschäftigen Treiben und den Geräuschen, die aus der Höhle drangen, zu.

Am Abend wurde sie von einer Priesterin abgeholt. Diese führte sie an der Höhle vorbei zu einer kleinen Anhöhe, wo einige Priesterinnen und die Schamanin sie erwarteten. Ein kleines Feuer brannte, und die Frauen stimmten einen eintönigen Gesang an. Neben dem Feuer war eine enge Felsspalte. Die Priesterinnen entkleideten Aria und die Schamanin sprach: „Nun ist die Zeit gekommen, von der Kindheit Abschied zu nehmen, um eine Frau zu werden. Aria, das Kind, muß sterben, damit die Frau leben kann."

Aria zitterte, als die weise Alte ihre Kleidung dem Feuer übergab und ihr befahl, in die Felsspalte zu kriechen.

Es war feucht und glitschig im Schoß der Großen Mutter. Aria kroch mühsam den engen dunklen Schacht hinunter und bekämpfte ihre Angst. Sie kam nur sehr langsam vorwärts, doch in der Ferne sah sie ein Licht und sie hörte die Sprache der Trommeln. Einige Frauen stießen Schreie aus, als lägen sie in Kindesnöten. Dann kam Aria immer näher und eine

Frauenstimme rief ihren neuen Namen.

Aria kroch kopfüber aus dem Schacht, sie war überall mit Lehm bedeckt. Zwei Frauen empfingen sie und wuschen sie mit klarem Wasser.

Feierliche Ruhe kehrte ein, als die Schamanin auf sie zutrat, ihr eine Schale mit Milch reichte und zu ihr sprach: „Nimm den Trank des Lebens, Zweimalgeborene. Das Mädchen ist tot. Akina, die Frau, ist aus dem Schoß der Großen Mutter geboren worden. Den Segen der Göttin mit dir!"

Aria sah sich in der großen Höhle um, die sie vorher noch nie betreten hatte. Bilder waren an den Wänden von vielerlei Tieren. Auch Handabdrücke sah sie, große Spiralen, und überall waren die Symbole der Großen Göttin, Herrin über Leben und Tod, und die des gehörnten Jägers abgebildet.

Eine Priesterin reichte der Schamanin jetzt das Bündel, das Akinas Mutter morgens vorbeigebracht hatte, und Akina wurde angekleidet. Eine Frau nach der anderen trat jetzt vor und gab ihr den rituellen Begrüßungskuß.

Dann geleiteten die Priesterinnen sie aus der Höhle und zogen mit ihr hinunter zum Dorf, wo die anderen Frauen und die Männer und Kinder schon auf sie warteten.

Bis tief in die Nacht hinein wurde getrommelt, getanzt, gesungen, gegessen und getrunken.

Aria, das Mädchen, war jetzt Akina, die Frau.

Der Ruf der Göttin

Die Monate gingen dahin.

Akina wohnte wieder in der Hütte ihrer Mutter, aus der sie erst am Tage nach der Geburt ihres Kindes ausziehen würde, denn es war Brauch, daß die Frauen eigene Hütten bekamen, sobald sie Mutter wurden. Doch noch war es nicht so weit.

Akinas Körper veränderte sich zusehends. Aus dem schlaksigen Mädchen wurde eine wohlgeformte junge Frau. Die jungen Männer des Dorfes warfen ihr immer öfter verführerische Blicke zu. Ein junger Mann erregte ihr besonderes Interesse, Txaro, der Sohn der Nachbarin, einer Kusine ihrer Mutter.

Sie hatten als Kinder öfter zusammen gespielt. Als seine Zeit kam, verlor Akina ihn aus den Augen, da die Knaben, wenn sie zum Mann heranreiften, das Dorf verließen, um in einem anderen Dorf zu wohnen, zu lernen und zu arbeiten und erst nach ihrer Mannwerdung zurückzukehren. Auch sie erhielten dabei einen neuen Namen.

Akina bemerkte, daß Txaro sich ebenfalls verändert hatte. Seine Gestalt war kräftiger geworden und seine Stimme war die eines Mannes. Auch sein Verhalten hatte sich geändert. Aus dem früher so frechen, vorlauten Knaben war ein ruhiger ernsthafter Mann geworden. Auch er hatte Prüfungen auferlegt bekommen, bevor er zum Mann wurde.

Als sich Akinas und seine Blicke trafen, huschte ein Lächeln des Wiedererkennens über sein Gesicht, um sogleich dem Ausdruck der Überraschung Platz zu machen. Akina erging es genauso.

Jetzt, da sie beide erwachsen waren, konnten sie nicht mehr so unbeschwert miteinander reden, wie in ihrer Kindheit. Ihr Verhalten war nach bestimmten Regeln festgelegt, an die sich die jungen Männer und Frauen zu halten hatten. Auch wußten die beiden nicht den Namen des anderen, und die Namen der Kindheit waren tabu.

So lächelten sie sich nur jedesmal an, wenn sie sich irgendwo begegneten. Und das geschah sehr häufig, da die kinderlosen Männer und Frauen innerhalb des Dorfes dieselben Aufgaben hatten. Sie gingen auf die Jagd oder bestellten die Felder. Sie halfen ihren Eltern bei der Zubereitung des Essens oder holten Wasser und Feuerholz.

Eines Tages, als Akina wieder auf dem Weg zur Wasserstelle war, begegnete ihr Txaro erneut. Auch er war auf dem Weg zum Wasser, und so gingen sie schweigend nebeneinander her.

Kurz vor der Wasserstelle, die von üppigem Grün umstanden war und von einem Bach gespeist wurde, der sich plätschernd über eine Felswand ergoß, die neben dem kleinen Teich aufragte, wurde der Weg schmaler, und wie zufällig berührten sich ihre Hände. Akina durchfuhr ein prickelndes Gefühl der Wärme. Sie blickte Txaro an, sah direkt in seine dunklen

Augen und bemerkte, daß er Ähnliches fühlte. Langsam, fast zögernd bewegten sich ihre Gesichter aufeinander zu. Sanft spürte Akina seine Lippen auf den ihren. Seine Hand streichelte zärtlich ihr Haar, als er sie mit sich ins Wasser zog. Dort umarmten sie sich und Akina hatte das Gefühl, als wäre sie endlich nach Hause gekommen.

Die Sonnenstrahlen brachen sich in den Wassertropfen, die ihre Körper benetzten. Akina bog den Kopf zurück und lächelte Txaro an: „Sie nennen mich jetzt Akina." Txaro erwiderte ihr Lächeln: „Als ich dich wiedergesehen habe, habe ich mich sofort an dich erinnert, obwohl du dich verändert hast. Du bist viel schöner als früher." „Auch du hast dich verändert, aber auch ich habe dich wiedererkannt. Welchen Namen trägst du jetzt?" „Ich erhielt den Namen Tarane."

Plötzlich mußten beide lachen. Die Anspannung war von ihnen gewichen. Wie ausgelassene Kinder tobten sie zusammen in dem kühlen Wasser.

Als sie beide müde waren, legten sie sich nebeneinander auf den warmen Erdboden und ließen sich von der Sonne trocknen.

Gegen Abend füllten sie die Wasserkrüge und gingen heim.

Von nun an trafen sie sich öfter und tauschten Erfahrungen aus, die sie in der langen Abwesenheit voneinander gemacht hatten.

So lernten sie sich immer besser kennen, und ihre anfängliche Verliebtheit wurde zu einer tiefen Liebe, was auch den anderen Dorfbewohnern nicht verborgen blieb.

Schließlich entschlossen sich Akina und Tarane, zusammenzuleben. Nach altem Brauch mußte dieser Entschluß in der monatlichen Versammlung des Dorfes verkündet werden, um zu prüfen, ob Einwände dagegen bestanden, weil schon andere Verpflichtungen eingegangen worden waren. War dies nicht der Fall, erklärte sich die Versammlung mit dem Entschluß des Paares, zusammenzuleben, einverstanden und jeder Partner bekam einen Paten, bzw. eine Patin zugeteilt, die sie bei eventuell auftretenden Problemen um Rat fragen konnten. Innerhalb der ersten drei Jahre konnten sich die Partner jederzeit voneinander trennen, die Kinder blieben dann bei der Mutter. Erst nach Ablauf dieser Probezeit wurde das offizielle Hochzeitsritual abgehalten.

Endlich war der Tag der neuen Mondin gekommen, an dem die Versammlung stattfinden sollte. Akina und Tarane trafen sich abends vor der Hütte und gingen gemeinsam zum Versammlungshaus.

Als sie eintraten, waren die übrigen Dorfbewohner schon versammelt.

Auch die Schamanin und einige Priesterinnen und Priester hatten sich eingefunden.

Akina und Tarane traten vor den Rat der Alten und verkündeten ihren Entschluß. Die Sprecherin des Rates stand auf: „Ist irgend jemandem hier bekannt, ob Akina oder Tarane sich schon jemand anderem versprochen haben, dann möge er jetzt sprechen." Niemand erhob Einwand, als die Frau fortfuhr: „Dann sei hiermit verkündet, daß Akina und Tarane ein Paar sind." An Akina und Tarane gerichtet, beendete sie ihre Rede mit den Worten: „Der Segen der Großen Mutter sei mit euch!" Dann bekamen die beiden ihre Paten zugeteilt. Anschließend wurden die üblichen Dinge besprochen, die für das Dorf wichtig waren.

Als die Versammlung beendet war, begab man sich zum Dorfplatz, um dort das abschließende Neumondfest zu feiern. Einige Dorfbewohner überreichten Akina und Tarane kleine Geschenke.

Spät in der Nacht, als das Feuer heruntergebrannt war, wurde das Paar zu der Hochzeitshütte geleitet, in der alle ihre erste gemeinsame Nacht verbrachten, die sich einander versprochen hatten.

Dann waren sie endlich allein. Akina zog Tarane zu sich heran und küßte ihn. Langsam öffnete sie ihr Gewand und ließ es zu Boden fallen. Tarane küßte ihren Mund und ihre Brüste. Danach kniete er sich vor ihr nieder und küßte ihre Füße, ihre Knie und ihren Schoß.

Akina ließ sich auf das Bett gleiten, das in der Mitte der Hütte stand. Jetzt entkleidete sich auch Tarane und legte sich neben sie. Seine Hände streichelten ihren ganzen Körper, der ihn voller Sehnsucht erwartete. Noch nie waren sie sich so nahe gewesen. Ihre

Erregung steigerte sich immer mehr. Plötzlich wurde der Innenraum der Hütte in ein gleißendes Licht getaucht. Erschrocken hielten Akina und Tarane inne und blickten die Gestalt an, die inmitten des hellen Lichtes stand. Beide erkannten die Göttin, die jetzt zu sprechen begann: „Akina! Tarane! Ich möchte, daß ihr mir beide dient. Vergeudet nicht eure Jungfräulichkeit für einen kurzen Moment. Ihr seid für Höheres bestimmt. Lange schon habe ich euch beobachtet. Ihr habt eine große Aufgabe zu erfüllen. Geht meinen Weg!" Dann erlosch das Licht und die Göttin verschwand.

Verwirrt blickten sich Akina und Tarane an. Völlig verunsichert zogen sie sich an und liefen zur Hütte der Schamanin. Wenn ihnen jetzt jemand weiterhelfen konnte, war es die weise Frau.

Die Einweihung

Die Schamanin hörte ihnen lange zu, bevor sie zu reden begann: „Die Göttin hat Anspruch auf euch erhoben, den Grund weiß nur sie allein. Ihr könnt ihrem Weg folgen, oder ihr entscheidet euch dagegen. Doch wisset, daß niemand seinem Schicksal entkommen kann. Wie dem auch sei, die Entscheidung liegt bei euch."
Akina und Tarane dachten lange über die Worte der Schamanin nach. Als der Morgen graute, hatten sie sich entschieden. Sie würden den Weg der Göttin gehen.
Für die beiden bedeutete das, daß sie sich nun ein Jahr und ein Tag lang nicht sehen würden. Sie umarmten und küßten sich ein letztes Mal zum Abschied, dann machte sich Akina schweren Herzens auf den Weg zum Haus der Priesterinnen, das sie von nun an nicht mehr verlassen durfte, bis zumTag der Initiation.
Tarane ging in das Haus der Priester.
Als Akina ankam, wurde sie schon von der Schamanin und einigen Priesterinnen erwartet, die sie zu dem Raum führten, in dem die Novizinnen bis zu ihrer Einweihung schliefen und wohnten. Sie waren auch für die Arbeiten im Hause verantwortlich und halfen bei der Herstellung von Opfer- und Räucherschalen sowie bei der Zubereitung der Kerzen, die für die Rituale benutzt wurden.

In den ersten Wochen vermißte Akina den Geliebten sehr, und in den Nächten wälzte sie sich unruhig hin und her und konnte vor Sehnsucht nicht einschlafen. Aber die Botschaften, die Tarane und sie sich gegenseitig zukommen ließen, linderten ihren Trennungsschmerz ein wenig, obwohl ihr seine körperliche Nähe sehr fehlte. Doch die Arbeit, die die Tage ausfüllte, und die alten Mythen, die abends erzählt wurden, lenkten sie von ihrem Kummer ab, und mit der Zeit ging es ihr wieder besser.

Nachdem sie etwa ein halbes Jahr im Haus der Priesterinnen verbracht hatte, begann für sie der Unterricht in den geheimen Künsten. Stundenlang saß sie nun vor einer Wasserschale und versuchte, ihren Geist empfänglich zu machen für die Visionen, die aus dem Wasser emporstiegen.
Anfangs fiel es ihr sehr schwer, sich zu konzentrieren, doch dann, eines Tages, sah sie für einen kurzen Augenblick das Gesicht Taranes, das sich auf der Wasseroberfläche spiegelte und ein Gefühl der Freude durchzuckte sie.
Von nun an gelang es ihr immer häufiger, Bilder im Wasser wahrzunehmen.

Inzwischen war fast ein Jahr vergangen, und der Tag der Initiation rückte immer näher.
Unterdessen war Akinas Zweites Gesicht so weit entwickelt, daß sie fast täglich Kontakt mit Tarane

hatte, und die mentale Verbindung zwischen ihnen wurde immer intensiver.

Dann jährte sich der Tag ihres Einzuges in das Haus der Priesterinnen, und ihr letzter Tag als Novizin brach an.

An diesem Tag wurde sie von allen Pflichten entbunden und blieb für sich alleine. Morgens hatte die Schamanin ihr gesagt, daß sie unter einem Schweigegebot stand und sich darüber klar werden sollte, ob sie dem Haus der Mutter dienen wollte.

Akina kannte die Aufgaben, die auf sie als Priesterin zukommen würden, und tief in ihrem Inneren wußte sie, daß sie stark genug war, die Prüfungen, die ihr noch auferlegt werden würden, zu bestehen.

Als die Schamanin sie am Abend wieder aufsuchte, um ihren Entschluß zu hören, wußte sie, daß ihre Entscheidung endgültig war. Nachdem sie ihre Wahl, der Göttin zu dienen, der Schamanin verkündete, lächelte diese: „Ich habe auch nichts anderes von dir erwartet. Dann bist du also bereit, zu sterben und zu leiden?" Nachdem Akina diese Frage bejaht hatte, führte die Schamanin sie in einen Nebenraum der Kulthöhle.

Hier würde Akina nun die nächsten vierundzwanzig Stunden ohne Nahrung und in absoluter Dunkelheit, zusammen mit den anderen Einzuweihenden, in völligem Schweigen verbringen.

Akina versuchte, den Raum mit ihrem sechsten Sinn zu erfassen, und sie spürte Taranes Anwesenheit. Außer ihnen waren noch zwei oder drei andere Personen hier.

Um sie herum war alles still. Nur ab und zu hörte man Wassertropfen, die in einem der Gänge von der Höhlendecke fielen, und dessen Echo sich an den Wänden brach.

Akina verlor jedes Zeitgefühl in der Finsternis, die sie umgab.

Sie legte sich auf den Boden und schlief ein.

Als sie wieder wach wurde und sich langsam tastend aufrichtete, hatte sie den Eindruck, als ob Lichter und Nebelfetzen vor ihrem Gesicht tanzten, und sie nahm Umrisse von verschiedenen Gestalten wahr. Es schien, als würde ihre Mutter ihr zulächeln, dann sah sie Taranes Gesicht vor sich, wie er ihr aus der Wasserschale entgegenblickte. Dann wieder sah sie nur bunte Flecken.

Akina wußte nicht, ob es noch Tag oder schon wieder Abend war. Angestrengt lauschte sie in die Dunkelheit hinein, aber außer dem Echo der fallenden Wassertropfen und den Atemzügen der anderen hörte sie nichts.

Akina bekam Angst und ihr Herz schlug schneller. „Es ist alles in Ordnung", versuchte sie sich einzureden. Sie atmete tief durch, und langsam nahm das Angstgefühl ab.

Auf einmal hörte sie Stimmen, die aus der Kulthöhle drangen, wo die Priesterinnen und Priester alles für das Ritual vorbereiteten. Nun konnte es nicht mehr lange dauern.

In der Höhle begannen die Trommler, sich jetzt einzuspielen. Ab und zu hörte sie die Schamanin, deren Stimme auf- und abschwoll, und den Chor der Eingeweihten.

Dann kamen Schritte näher. Eine Hand griff nach Akinas Arm. Sie fühlte, wie ihr eine Binde um die Augen gelegt wurde. Die Person zog sie hinter sich her und die Stimmen wurden immer lauter. Dann verstummten sie. Akina wurde auf den Boden gezogen, wo sie sich hinkniete. Dann wurde das Tuch von ihren Augen entfernt.

Das helle Licht nicht gewohnt, blinzelte Akina und blickte auf die Frau, die vor ihr stand.

Es war die Schamanin, doch ihr Gesicht schien seltsam verändert. Es war jung und alt zugleich und wirkte sehr würdevoll. Auch schien sie viel größer und majestätischer zu sein. Ein inneres Leuchten ging von ihr aus und Akina begriff, daß hier die Göttin vor ihr stand. „Bist du bereit, mir zu dienen und dich ganz mir zu weihen?" Akina bejahte. Daraufhin kamen zwei Frauen auf sie zu. Die eine begann, ihr die Haare abzuschneiden und gab sie der anderen, die sie in einen Tonkrug legte, den sie der Göttin übergab.

Danach wurde Akina bedeutet, sich auf den Boden zu legen. Die Göttin schritt auf sie zu und begann, eine eigenartige Melodie zu summen. Dann legte sie ihre Hand auf Akinas Stirn. Akina fühlte, wie sie eine merkwürdige Schwäche überfiel, dann war ihr, als verlöre sie das Bewußtsein.

Akina wußte nicht, ob sie wach war oder träumte. Sie sah, daß die Göttin mit einem Messer in der Hand auf sie zukam. Starr vor Schreck und unfähig sich zu rühren, nahm Akina wahr, daß sie regelrecht zerstückelt wurde, doch fühlte sie keinerlei Schmerzen. Erneut schwanden ihr die Sinne.

Als sie wieder zu sich kam, bemerkte sie, daß alle in einem Kreis um sie herum standen. Akina fühlte sich seltsam. So, als ob ihr linkes Bein und ihr rechter Arm nicht ganz zu ihr gehören würden. Verwirrt blickte sie die Göttin an, die zu ihr sprach: „Erhebe dich, meine Tochter und sei von nun an meine Priesterin."

Die Trommeln und der Gesang setzten wieder ein, als die Göttin Akina das Spiel übergab, das für sie gefertigt worden war. Man nannte es auch „das Buch der Weisen", da in seinen Symbolen die Wege eines jeden Menschen aufgezeichnet waren.

Danach reihte sie sich in die Gruppe der tanzenden Männer und Frauen ein. Unter ihnen war auch Tarane, der vor ihr initiiert worden war, und das erste Mal seit langer Zeit umarmten sich die beiden wieder.

Das Ritual

Seit Akina und Tarane initiiert worden waren, sahen
sie sich wieder täglich. Die lange Zeit der Trennung
hatte beide reifer gemacht, und auch die Erfahrung
der Initiation hatte ihre Spuren hinterlassen. Ihre
Liebe war auf eine harte Probe gestellt worden und
hatte sich dadurch vertieft.
Obwohl die beiden öfters das Bedürfnis verspürten,
sich einander völlig hinzugeben, war da doch immer
etwas, was sie zurückhielt. So begnügten sich Akina
und Tarane damit, einander zu spüren, indem sie sich
aneinanderschmiegten und Zärtlichkeiten austausch-
ten, so wie sie es schon früher getan hatten.
Akina und Tarane wohnten weiterhin im „Haus der
Mutter" und wurden gemeinsam mit den anderen unterrichtet. Sie lernten die heiligen Gesänge und Tänze. Sie lernten, ihre seherische Gabe zu verbessern
und wurden in verschiedenen Heilmethoden unterrichtet. Auch im Gebrauch des „Buch der Weisen"
machten sie Fortschritte.
An einigen Tagen besuchte Akina ihre Mutter, die
inzwischen zum Rat der Alten gehörte. Dann saßen
die beiden Frauen stundenlang zusammen, und die
Mutter erzählte ihr Geschichten aus ihrer eigenen
Kindheit. Auch über ihren Vater, der während einer
Jagd ums Leben gekommen war, erfuhr Akina eine
Menge. Sie war damals noch zu jung gewesen, um
sich an ihn zu erinnern, und ihre Mutter wollte nicht

viel über ihn reden, da sie die Erinnerung daran schmerzte.

Doch jetzt, da sie alt war, wußte sie, daß Akina ein Recht darauf hatte, mehr über ihn zu wissen.

Akina genoß diese Nachmittage bei ihrer Mutter sehr, doch noch mehr genoß sie es, mit Tarane zusammen zu sein.

Eines Tages, als sie mit Tarane unterwegs war, um Kräuter zu sammeln, holte sie eine junge Frau ein, die ihr ganz aufgeregt zu verstehen gab, daß ihre Mutter nach ihr verlangte.

Akina und Tarane rannten so schnell wie sie nur konnten zur Hütte von Akinas Mutter. Die Schamanin war bereits dort. Als die beiden eintraten, drehte sie sich nach ihnen um. In ihrem Gesicht stand der Ausdruck des Bedauerns, als sie sich zu Akina wandte: „Ich habe alles versucht, doch hier versagen meine Kräfte. Ihre Zeit ist gekommen." Tränen liefen Akina über das Gesicht, als sie sich am Bett ihrer Mutter niederkniete. Die Mutter strich ihr die Tränen fort. „Kind, mach es mir nicht so schwer, zu gehen. Du wußtest, daß es eines Tages so weit sein würde. *Sie* ist gekommen, um mich zu holen und ich habe keine Angst. Denke immer daran, daß ich dich liebe und folge deinem Herzen. Sei sicher, daß wir uns wiedersehen."

Dann warf sie noch einen Blick auf Tarane, der inzwischen nähergekommen war und seinen Arm um

Akina gelegt hatte. Sie lächelte beide an. Dann starb sie.

Schluchzend warf sich Akina in Taranes Arme, während die Schamanin ihre Trommel schlug, um dem Dorf zu verkünden, daß Akinas Mutter tot war.

Nach einer Weile wandte sie sich an Akina und gab ihr zu verstehen, daß es jetzt Zeit wäre, die Trauerzeremonie vorzubereiten.

Einige Priesterinnen brachten Quellwasser, in das bestimmte Kräuter eingelegt waren, damit Akina an ihrer Mutter die rituelle Waschung vornehmen konnte. Danach wurde ihr Körper in das beste Gewand gekleidet, das in der Hütte zu finden war, und Akina legte ihr den Schmuck an, den sie immer getragen hatte.

Die nächsten drei Nächte würde Akina zusammen mit Tarane in der Hütte die Totenwache halten. Während dieser Zeit bereitete die Schamanin zusammen mit den Priesterinnen und Priestern die Begräbniszeremonie vor, die am dritten Tag abgehalten werden sollte.

Als der Tag gekommen war, kamen die Nachbarn mit einer Trage zur Hütte und betteten die Tote darauf. In einem langen Zug ging es nun zur Begräbnisstätte. Unmittelbar hinter der Trage ging Akina, die in einer Kiste die Habseligkeiten der Toten sowie ihre Haushaltsgegenstände trug, denn alles, was die Tote besessen hatte, wurde ihr mit ins Grab gegeben.

Als Akinas Mutter beerdigt worden war, trat jeder, der sie gekannt hatte, vor und erzählte, was er über die Verstorbene wußte.

Zuletzt trat die Schamanin vor, die die Götter beschwor, die Tote liebevoll auf die andere Seite hinüberzugeleiten und sie ebenso liebevoll dort zu empfangen.

Nachdem dies geschehen war, begannen alle mit dem rituellen Leichenschmaus, in dessen Verlauf noch viele Geschichten über die Tote erzählt wurden.

Akina trauerte noch lange Zeit um ihre Mutter, doch dank Taranes Hilfe begann sie, wieder Spaß am Leben zu haben. Besonders halfen ihr die langen Gespräche und seine Zärtlichkeiten über den Verlust hinweg.

Nach einiger Zeit jedoch bemerkte Akina, daß Tarane sich mehr und mehr von ihr zurückzog. Auch ihre gemeinsamen Unternehmungen wurden seltener. Als sie versuchte, ihn daraufhin anzusprechen, reagierte er bekümmert und gab ihr zu verstehen, daß er nicht darüber reden dürfe.

Akina fing an, sich Sorgen um ihn zu machen. Alle ihre Versuche, mental zu ihm vorzudringen, mißglückten, und ihr schien, als wären alle seine Gedanken von einer Mauer umgeben.

In ihrer Sorge um Tarane suchte sie die weise Frau auf. Diese nickte, als sie den Grund für Akinas Besorgnis erfuhr: „Tarane befindet sich zur Zeit in einer Phase der Priesterausbildung, die von ihm höchste Konzentration verlangt. Er wird auf eine besondere Aufgabe vorbereitet. Mehr darf ich dir dazu nicht sagen. Gib ihm Zeit, und dringe nicht weiter in ihn!"

Akina hielt sich an diese Anweisung, doch es tat ihr weh, zu sehen, wie der Geliebte ihr mehr und mehr entglitt.
Eines Tages eröffnete er ihr, daß er sie für längere Zeit nicht mehr sehen könne, seine Aufgabe würde es verlangen. Akina, die die Antwort der Schamanin noch im Ohr hatte, blieb nichts anderes übrig, als diese erneute Trennung zu akzeptieren, und traurig begab sie sich zum Haus der Priesterinnen.
Noch am selben Abend verlangte die Schamanin, sie zu sehen. Mit ernstem Gesicht begann sie zu reden: „Akina, als du dich entschlossen hast, dem Haus der Mutter zu dienen, wußtest du, daß dich noch viele Prüfungen erwarten würden. Du wurdest erwählt, das höchste Ritual durchzuführen." Akina erschrak. Sie fühlte sich innerlich nicht bereit dazu, diese Prüfung zu bestehen. Doch sie hatte ihren Schwur geleistet, der Göttin zu dienen, und sie mußte die Konsequenzen auf sich nehmen. Die weise Frau bemerkte ihre Unsicherheit: „Hab keine Angst. Du wirst auf deine Aufgabe gut vorbereitet werden."
Schon am nächsten Tag begann die Schamanin, sie auf das höchste Ritual vorzubereiten. Schritt für

Schritt wurde Akina nun in das Mysterium der heiligen Hochzeit eingeführt.

Dann war der große Tag gekommen. Als die Sonne ihren höchsten Stand erreicht hatte, wurde Akina von jüngeren Priesterinnen in klarem Wasser, dem wohlriechende Essenzen beigesetzt worden waren, gebadet. Dann kleideten die Frauen sie in ein weißes Gewand aus einem so feinen Stoff, wie ihn Akina noch nie gesehen hatte. Ihr frisch gewaschenes Haar wurde sorgfältig gekämmt, und auf ihren Kopf setzten sie eine Krone aus jungen Birkenzweigen.
Einige Zeit später kam die Schamanin hinzu und stellte ihr die rituelle Frage: „Willst du die Liebe, die schmerzt?" Akina bejahte die Frage. Daraufhin wurde sie in die Kulthöhle geleitet, wo das Fest schon in vollem Gange war.
Als Akina eintrat, wurde sie freudig begrüßt. Dann setzten erneut die Trommeln ein. Immer schneller und schneller wurde der Rhythmus, und alle Anwesenden wirbelten in ausgelassener Stimmung um Akina herum. Die Augen einiger Tänzer waren weit aufgerissen ins Leere gerichtet. Sie befanden sich in Trance. Auch Akinas Bewußtsein begann, sich zu verändern, doch noch mußte sie sich unter Kontrolle halten.

Dann wechselte der Trommelrhythmus und am Höhleneingang erschien eine Gruppe von Priestern, die in Tierfelle gekleidet waren. In ihrer Mitte erblickte Akina Tarane, von dem eine majestätische Ausstrahlung ausging.

Immer näher und näher kamen die Männer, bis Tarane ganz dicht vor Akina stand. Seine Pupillen waren stark geweitet, und in der Tiefe seiner Augen glomm ein blaues Licht.

Seine machtvolle Ausstrahlung zog Akina in ihren Bann. Ihre Sinne begannen zu schwinden, als er sie durch die Reihe der ekstatisch tanzenden Männer und Frauen mit sich zog und in die Nebenhöhle führte. Die Anweisungen der Schamanin, die sie bekommen hatte, als sie in das Mysterium eingeweiht wurde, schossen ihr durch den Kopf, als sie ihr Gewand auszog und auf den Boden fallen ließ.

Dann gab sie sich dem Gehörnten hin. Als er in sie eindrang, überließ Akina sich der Trance, die sie bis dahin unterdrückt hatte. Wie aus weiter Ferne hörte sie ihren Schrei widerhallen, dann schlugen die Wellen über ihr zusammen, und sie war nicht mehr sie selbst.

Als sie wieder zu sich kam, tanzte sie mit Tarane inmitten einer Masse von Leibern. Sie blickten sich in die Augen und Akina konnte Taranes Gedanken hören. Es war wie damals, als ihr der Wolf begegnete.

Akina und Tarane waren eins, verbunden durch die heilige Hochzeit. Ihre Hochzeit!

Der Flug der Seele

Einige Wochen nach der heiligen Hochzeit stellte
Akina fest, daß das Ritual nicht ohne Folgen geblie-
ben war. Sie hatte ein Kind des gehörnten Gottes
empfangen.
Freudig erzählte sie es Tarane und der Schamanin,
die daraufhin vorschlug, daß sie beide von nun an in
der Hütte von Akinas Mutter wohnen sollten. Beide
stimmten ihr zu, und so zogen Akina und Tarane in
die Hütte, die lange Zeit Akinas Zuhause gewesen
war.

Die Tage vergingen. Da Akinas Mutter tot war, unterrichtete Taranes Mutter Akina in allem, was für
eine werdende Mutter wichtig war. Auch die Schamanin unterwies sie im Gebrauch der Kräuter, die ihr
Kraft und Stärke verleihen sollten. Sie zeigte Akina
auch diejenigen Pflanzen, die während der Schwangerschaft tabu für sie waren, da sie das heranwach-
sende Leben gefährden konnten.
Tarane kümmerte sich rührend um sie und sorgte
dafür, daß sie möglichst die beste Nahrung zu sich
nahm. Seine Mutter brachte ihr täglich frische
Milch, und Akina blühte von Tag zu Tag mehr auf.

Eines Tages jedoch wurde Akina nach dem Essen
unwohl. Obwohl sie sich einen Kräutertee zuberei-
te und sich hinlegte, wollte das Gefühl nicht von ihr

weichen. Als sie auch noch Schmerzen im Unterleib bekam, lief Tarane zum Haus der Mutter, um die weise Frau herbeizuholen. Als diese eintrat, hatten bei Akina schon Blutungen eingesetzt. Bleich vor Schreck sah sie die Schamanin an. „Ich verliere mein Baby!", brach es unter Tränen aus Akina heraus, „Bitte, hilf mir!" Die Schamanin bereitete einen Kräutersud, den sie Akina einflößte. Dabei fiel ihr Blick auf die Kräuter, die Akina zum Würzen verwendet hatte. Sie hatte versehentlich Gelbknopfkraut unter das Gewürz gemischt, und diese Pflanze hatte das Einsetzen der Blutungen ausgelöst.

Die Schamanin ging mit Tarane vor die Hütte. „Ich kann leider nichts für sie tun. Ich habe ihr etwas zur Beruhigung gegeben, sie wird jetzt erstmal schlafen. wenn sie wach wird, bereite ihr einen Aufguß aus diesen Kräutern." Sie gab ihm ein Kraut, dessen Blätter wie kleine Herzen aussahen. Dann versprach sie noch, am Abend wiederzukommen, um nach Akina zu sehen.

Akina machte sich schwere Vorwürfe, weil sie nicht besser aufgepaßt hatte. Sie hätte die gefährlichen Kräuter nicht in der Hütte aufbewahren dürfen, dann wäre es nicht dazu gekommen. Tarane versuchte, sie zu trösten, doch Akina vergrub sich immer tiefer in ihrem Schmerz. Dagegen war auch seine Liebe machtlos.

Akina wollte keinerlei Nahrung mehr zu sich nehmen, und nachts weinte sie sich in den Schlaf. Tarane sah hilflos zu, wie sich ihr Zustand mehr und mehr verschlechterte. All seine Bemühungen, sie aus ihrer Apathie zu reißen, waren vergeblich. In seiner Not flehte er die Göttin um Hilfe an.

Eines Nachts hatte Akina einen Traum, in dem ihr die Göttin erschien. „Was geschehen ist, ist geschehen. Du kannst es nicht mehr ändern. Hör auf, zu trauern, Akina! Es gibt noch so viele Aufgaben, die auf dich warten." Ihre Hand streichelte über Akinas Haar, dann verschwand die Göttin. Als Akina am nächsten Morgen erwachte, fühlte sie sich besser. Tarane blickte sie erstaunt an, als sie ihm nach langer Zeit wieder zulächelte. Erleichtert umarmten sie sich.
Tag für Tag ging es Akina wieder besser. Auch die Schamanin war erleichtert darüber, daß Akina über den Verlust hinweg war.
Eines Tages eröffnete sie Akina, daß es jetzt an der Zeit wäre, ihre Ausbildung fortzusetzen. Akina sollte im Flug der Seele unterrichtet werden.

Zuerst sollte Akina sich der Zweiheit von Körper und Seele bewußt werden, um sich dann in Trance von ihrem Körper zu lösen.
Diese Übungen forderten höchste Konzentration von ihr, und so manches Mal, wenn der Versuch ergeb-

nislos verlaufen war, verließ sie der Mut. Doch Tarane, der ebenfalls in diesen Dingen unterrichtet wurde, und die Schamanin unterstützten sie in ihren Bemühungen.

Dann, eines Tages, als sie wieder ihre ganze Energie zusammennahm, um den Austritt herbeizuführen, hatte sie Erfolg. Ein Gefühl der Leichtigkeit überkam sie, und sie sah ihren Körper auf weichen Fellen in der Hütte liegen. Die Schamanin saß, in meditativer Haltung versunken, neben ihr auf dem Boden.
Als sich Akina von der Szene abwandte, bemerkte sie, daß die weise Frau ebenfalls ihren Körper verlassen hatte und jetzt neben ihr stand. Die beiden Frauen grinsten sich an. „Jetzt hast du es geschafft", sagte die Schamanin zu ihr. Obwohl sie ihre Lippen nicht bewegte, konnte Akina ihre Worte deutlich hören. „Für´s erste laß es genug sein. Nun kommt es darauf an, wieder in den Körper zurückzukehren."

Akina betrachtete ihren Körper. Er schien ihr so völlig fremd, wie sie ihn so leblos da liegen sah. Die Anweisungen der weisen Frau kamen ihr wieder in den Sinn, und sie begann, sich auf ihren Körper in allen Einzelheiten zu konzentrieren.
Das nächste, was sie wahrnahm, war, daß sie wieder auf dem Bette lag.

Von nun an fiel es ihr immer leichter, ihren Körper zu verlassen. Zusammen mit der Schamanin begab sie sich nun an andere Orte. Auch die heilige Quelle, an der Akina ihrem Krafttier begegnet war, suchten sie auf. Manchmal benutzten sie auch Tiere, um zu einem anderen Ort zu gelangen.

Dann war es soweit. Akina sollte zum ersten Mal alleine ausfliegen. Die Schamanin würde nur eingreifen, wenn Akina nicht mehr zurückfinden sollte. Aufgeregt ließ sich Akina auf dem Platz nieder, von dem aus sie schon öfter ihre Reisen begonnen hatte. Dann begab sie sich in Trance und verließ ihren Körper.

Auf den Schwingen eines Adlers reiste sie, und unter sich sah sie die Landschaft dahinfliegen. Sie kam zu dem heiligen Berg und überflog ihn, weiter und immer weiter, bis sie in eine Gegend kam, in der sie nie zuvor gewesen war. Eine Rauchsäule fesselte ihr Interesse, und sie flog auf eine Lichtung zu.

Was sie dort sah, erschütterte sie zutiefst. Männer in seltsamen Gewändern mit ausrasierten Haarkränzen fällten eine große, stämmige Eiche. Andere rissen heilige Statuen um und verbrannten sie im Feuer, während wieder andere die Leute mit Waffengewalt zurückdrängten, die versuchten, sie an ihrem Tun zu hindern. Akina spürte die Atmosphäre der Verzweiflung und des ohnmächtigen Hasses, die die Gruppe von Männern und Frauen umgab, die der Zerstörung ihres Heiligtums tatenlos zusehen mußten.

Aufs höchste beunruhigt, machte sich Akina auf den Rückweg, um der Schamanin Bericht zu erstatten.

Diese war nicht sonderlich überrascht, denn auch sie hatte schon seit einiger Zeit Visionen empfangen, die ihr ähnliche Bilder zeigten. Doch sie wußte, daß für das Dorf keinerlei Gefahr bestand.

So nickte sie nur, als sie Akinas Bericht vernahm und beruhigte sie. „Deine Priesterinnenausbildung ist nun beendet. Nun weißt du alles, was ich dir beibringen konnte. Alles weitere liegt nun in den Händen der Götter."

Akina hatte während der Jahre ihrer Ausbildung alles gelernt, was eine Hohepriesterin wissen mußte. Sie kannte die heiligen Tänze, Gesänge und Mythen. Sie wußte, wie die Rituale durchgeführt werden mußten, um die Götter zu erfreuen. Sie war in den geheimen Künsten unterrichtet worden und wußte sie anzuwenden. Sie hatte alle ihre Sinne geschärft. Auch die Heilkraft der Pflanzen war ihr bekannt, und jetzt beherrschte sie auch die hohe Kunst des Reisens auf dem Wind.

Die Schamanin war sehr zufrieden mit Tarane und ihr, denn sie waren beide ihre besten Schüler gewesen. Nun sollten sie die höchste Weihe empfangen, um die Nachfolge der weisen Frau anzutreten, die sich von nun an nur noch der Heilkunst widmen wollte. Akina und Tarane sollten die Ausbildung der

Priester und Priesterinnen übernehmen und den Ablauf der Zeremonien leiten.

Doch zuvor mußten sie vor allen Eingeweihten die Prüfung ablegen, die zeigen sollte, ob sie für das Amt der höchsten Priester geeignet waren. Dieser Test war so angelegt, daß er nur zu bestehen war, wenn Akina und Tarane ihre übersinnlichen Fähigkeiten einzusetzen wußten.

Während die Schamanin die Prüfung für die beiden vorbereitete, hatten einige Priester und Priesterinnen die Aufgabe, Akina und Tarane mental abzuschirmen, um zu verhindern, daß diese von der Art des Tests erfuhren.

Als es Abend wurde und sich alle in der Kulthöhle eingefunden hatten, trat eine Frau auf die beiden zu und verkündete die Art des Tests. Tarane sollte einen Gegenstand ausfindig machen, den die Schamanin im Laufe des Tages irgendwo verborgen hatte. Akina hatte die Aufgabe, die Seele der Schamanin zu finden, die sich an einen geheimen Ort begeben hatte, während ihr Körper, bewacht von zwei Priesterinnen, in der angrenzenden Höhle lag.

Tarane füllte eine Schale mit Wasser und konzentrierte sich darauf, den Ort zu sehen, an dem die Schamanin etwas versteckt hatte. Unterdessen begab sich Akina ebenfalls in Trance, um ihren Körper zu verlassen. Sie hoffte, daß ihre Sinne geschult genug waren, um die silbrig leuchtende Spur wahrzuneh-

men, die eine Seele auf ihrer Wanderschaft hinter-
läßt.

Nach einiger Zeit erhob sich Tarane und begab sich
nach draußen. Bald darauf kehrte er zurück und hielt
triumphierend einen Stein hoch, der mit Runen mar-
kiert war.

Wenig später kehrte auch Akina von ihrer Reise auf
dem Wind zurück. Als sie sich erhob, trat auch die
Schamanin aus der Nebenhöhle in die Kulthöhle. Sie
identifizierte den von Tarane gefundenen Stein als
den von ihr verborgenen und gratulierte beiden zur
bestandenen Prüfung.

Dann wandte sie sich an die Anwesenden. „Vor euer
aller Augen haben Akina und Tarane die Prüfung
abgelegt und bewiesen, daß sie würdig sind, das
Amt der Hohenpriesterin und des Hohenpriesters zu
bekleiden." Sie befahl beiden, vorzutreten. Dann
legte sie ihnen den Halsschmuck um, der die Insigni-
en der Macht ihres hohen Amtes repräsentierte.
Akina erhielt einen silbernen Halsreif, Tarane einen
goldenen. Anschließend segnete die Schamanin den
Kelch mit dem heiligen Wasser und ließ beide daraus
trinken. Dann erhob sie segnend ihre Arme. „Mögen
die Götter euch schützen und euch die Macht verleihen, als höchste Priesterin und höchster Priester weise und gerecht zu handeln. Der Segen der Götter sei
mit euch!"

Die Trommeln setzten ein, und das Fest zu Ehren von Akina und Tarane begann. Sie hatten jetzt die verantwortungsvolle Aufgabe der Hohenpriesterin und des Hohenpriesters.

Das Tor zur anderen Welt

Akina und Tarane hatten die Ausbildung der jungen Priester und Priesterinnen übernommen und waren nun fast täglich im Haus der Mutter, um die Fortschritte ihrer Schüler zu begutachten. Inzwischen war Akina wieder schwanger geworden, und sie und Tarane freuten sich sehr auf das Kind.

Eines Tages, als Akina gerade mit den Vorbereitungen für das Frühlingsfest beschäftigt war, überfiel sie ein Schmerz, der wie eine Welle über ihren Körper lief, und sie spürte, wie das Fruchtwasser an ihren Beinen herunterrann. Akina winkte eine ältere Priesterin zu sich heran und übertrug ihr die Aufgabe, für die Vorbereitung zu sorgen. Dann schickte sie eine andere Priesterin zur Schamanin und begab sich in ihre Hütte.
Einige Zeit später traf auch die Schamanin mit Tarane zusammen ein.
Sie breitete ein weiches Schaffell auf dem Boden aus. Dann bereitete sie einen Tee aus wohlschmeckenden Kräutern, den alle gemeinsam einnahmen. Von Zeit zu Zeit stand Akina auf und ging in der Hütte hin und her. Gegen Abend kamen die Wehen öfter und stärker und während der Nacht steigerten sie sich. Als die Schamanin gegen Morgen feststellte, daß die Geburtsphase jetzt begann, beschwor sie die Göttin herab, um Akina beizustehen.

Dann wies sie Tarane an, sich auf den Boden zu knien, so daß Akina sich in hockender Stellung auf das Fell setzen konnte, wobei Tarane sie stützte. Unterdessen hatten sich einige Frauen vor der Hütte eingefunden und sangen den rituellen Geburtsgesang, wobei sie bestimmte Kräuter verbrannten, um die bösen Geister daran zu hindern, dem Neugeborenen zu schaden.

Akina überließ sich ganz den Anweisungen der weisen Frau und dem Rhythmus der Geburt, der in gewaltigen Wellen durch ihren Körper lief.

Dann war das Kind da. Die Schamanin nabelte das winzige Wesen ab, legte es auf den Boden der Hütte und hielt es dann in die Luft, um es den Göttern zu weihen. Dann gab sie es Akina, die es an ihre Brust legte, wo es auch sofort zu trinken begann. „Es ist ein Mädchen." Erschöpft sah Akina ihr Kind und Tarane an. Nachdem ihre Tochter getrunken hatte, gab Akina sie Tarane, und dieser trat mit ihr vor die Hütte und zeigte dem Neugeborenen die Sonne, den Wald und das Dorf.

Als er wieder mit seiner Tochter in die Hütte trat, hatte die weise Frau Akina ins Bett gelegt und flößte ihr eine stärkende Suppe ein. Dann reichte Tarane der neuen Mutter das Kind. Glücklich streichelte Akina ihre Tochter und sah Tarane an. „Sie soll Shana heißen." Dann schlief sie erleichtert ein.

Akina und Tarane kümmerten sich liebevoll um ihre kleine Tochter. Tagsüber nahm Akina sie mit in das

Haus der Mutter, denn sie hatte den Unterricht wiederaufgenommen, nachdem sie sich von den Strapazen der Geburt erholt hatte. So wuchs Shana heran.

Als sie ein Jahr alt war, starb die Schamanin. Sie war in letzter Zeit immer schwächer geworden und ließ sich nur noch selten sehen. Wenn sie ihre Hütte verließ, mußte sie von zwei Priesterinnen gestützt werden.
Akina besuchte sie sehr oft und brachte ihr das Nötigste. Sie sorgte auch dafür, daß immer eine junge Priesterin in der Hütte war, die der weisen Frau helfend zur Hand ging.
Als die Schamanin ihre Augen für immer schloß, war dies ein trauriger Tag für das ganze Dorf. Akina und Tarane, die an ihrem letzten Tag bei ihr waren, vermißten ihre weise Lehrerin sehr, doch sie hatten nicht viel Zeit, um sie zu betrauern, da sie die Begräbniszeremonien vorbereiten mußten.

Am Tag ihrer Beerdigung kamen auch Menschen aus anderen Dörfern, denn die weise Frau war bis über die Grenzen ihres Dorfes hinaus bekannt und geachtet gewesen.
Eines Nachts träumte Akina von ihr. Sie lud Akina in ihre Hütte ein und zeigte ihr eine Truhe. Als Akina diese öffnen wollte, verschwand die Truhe und Akina erwachte.

Dieser Traum wiederholte sich mehrmals, und Akina sprach mit Tarane darüber. Danach stand ihr Entschluß fest. Sie wollte versuchen, in die Anderswelt zu reisen, um die Schamanin aufzusuchen, denn sie war überzeugt davon, daß diese eine wichtige Botschaft für sie hatte. Akina wußte, daß ihre Fähigkeiten nicht ausreichen würden, um in die Schattenwelt zu gelangen. Sie mußte die Pflanzen der Götter anwenden, um über die Grenze zu gelangen.

Tarane, der wußte, wie riskant der Gebrauch der heiligen Pflanzen war, versuchte, Akina von ihrem Plan abzubringen und bat sie, noch mal darüber nachzudenken.

In der folgenden Nacht hatte Akina erneut einen Traum, in dem ihr die Schamanin erschien. „Wir brauchen dich, Akina! Uns bleibt nicht mehr viel Zeit."

Am nächsten Tag erzählte Akina Tarane ihren Traum. „Ich glaube, es wäre falsch, dich von deinem Vorhaben abzubringen. Ich sehe nun, daß du tun mußt, was sie von dir verlangen." Schweren Herzens stimmte sie ihm zu. Sie wußte nicht, was sie erwartete. Vor Jahren einmal, so hatte es ihnen die Schamanin einst erzählt, hatte ein Priester die heiligen Pflanzen benutzt, um in die Anderswelt zu reisen. Als er wieder zurückkam, hatte sich sein Wesen völlig geändert. Er redete wirres Zeug und hatte seine seelische Balance verloren. Wenige Monate später starb er in geistiger Umnachtung. „Die Pflanzen der

Götter kommen zu euch, wenn die Zeit reif dafür ist. Sie können euch den Weg in die Anderswelt zeigen, doch seid gewarnt, Licht und Schatten liegen auf diesem Weg nahe beieinander", hatte ihnen die weise Frau damals gesagt.

Akina und Tarane kannten die Pflanzen, die für das Ritual erforderlich waren, und sie wußten auch, wie sie zuzubereiten und anzuwenden waren.

In den nächsten Wochen sammelten sie die Kräuter, die dann in der Sonne getrocknet und mit Hühnerfett zusammen zu einer Paste verarbeitet wurden.

Bei der nächsten schwarzen Mondin verabschiedete Akina sich von Tarane und Shana und begab sich in die Hütte der Schamanin, wo sie schon von zwei Priesterinnen erwartet wurde. Sie begannen das Ritual mit dem Gedenken an die Toten und flehten die Götter um Schutz für Akinas Reise an. Dann entkleidete sich Akina, und die Priesterinnen rieben sie mit dem Fett ein. Akina legte sich auf die Schlafstätte. Dann ließen die Priesterinnen sie allein.

Nach einer Weile sah Akina ein schwarz gekleidete Gestalt in der Hütte. „Bist du bereit, dein Leben aufzugeben und zu sterben?" Akina begann, zu zittern. „Von jetzt an gibt es kein Zurück mehr. Es wird für dich kein Morgen mehr geben. Sobald du einschläfst, schläfst du für immer!" Akina bekam Angst. Todesangst. Sie wollte nicht sterben. Tarane und Shana brauchten sie doch! Schweißgebadet wälzte sie sich hin und her. „Du mußt sterben!", fuhr die Stimme fort. Panik überfiel Akina. Sie durfte nicht einschlafen. Durfte nicht! Die drohenden Worte der schwarz gekleideten Gestalt dröhnten in ihrem Kopf. Schließlich fiel sie in einen leichten Schlaf.

Als sie wieder zu sich kam, befand sie sich in einem dunklen Raum, oder war das gar kein Raum? Es schien ihr, als stünde sie vor einer Brücke, die ins Nirgendwo führte. Sie sah niemanden, doch sie hörte eine Stimme. „Dies ist der Ort, wo ja nein und nein ja ist. Willst du die Brücke überqueren?" Akina überlegte. Sie wollte hinüber, aber wie sollte sie antworten? „Ja!" „Wirklich nicht?" „Nein!" „Gut, dann geh und wisse, alles ist egal, es gibt keinen Unterschied!" Als Akina die Brücke betrat, begann diese, sich zu drehen. Schneller und immer schneller wirbelte sie herum, bis Akina beinahe die Sinne schwanden. Dann sah sie die Schamanin auf sich zukommen. „Ich bin froh, daß du dich entschlossen hast, den gefährlichen Weg zu wagen." Sie führte Akina zu einem kleinen Teich und ließ sie hineinschauen. Die Bilder, die aus dem dunklen Wasser emporstiegen, ließen Akina erzittern. Sie sah, wie die Heiligtümer der Götter zerstört wurden. Die Menschen wurden gezwungen, sich einem anderen Glauben zu unterwerfen. Diejenigen, die weiterhin die alten Kulte feierten, wurden verfolgt und vertrieben. Dann sah Akina Feuer, in denen Menschen und Tiere verbrannt wurden. Entsetzt wandte sie sich ab. „Die Tage der Götter sind gezählt. Es werden viele Männer kommen, die den Menschen einen neuen Glauben bringen. Wenn sie euch nicht überzeugen können, werden sie euch zwingen. Der Kampf hat schon begonnen. Bald werden sie überall sein, und alles, was an unsere Götter erinnert, wird zerstört werden. Deshalb habe ich dich gerufen. Du hast die große Aufgabe, unser heiliges Wissen zu verschlüsseln, so daß sie es nicht finden können. Es wird offen vor ihren Augen liegen, aber sie werden es nicht sehen. Das ist die einzige Möglichkeit, um den alten Weg zu schützen. Wenn die Zeit wieder bereit sein wird für das alte Wissen, werden die Götter die Mysterien offenbaren, und die alten Wege werden sich wieder zeigen. Gehe nun, und erfülle dein Schicksal!" Die Schamanin umarmte Akina und sie fühlte, wie eine gewaltige Energie in sie floß. Dann stand sie, wie in helles Licht getaucht, da.

Als sie wieder erwachte, lag sie in der Hütte. Die Priesterinnen sahen sie verwundert an. Akinas Augen strahlten in überirdischem Glanz, und sie war von tiefer Harmonie erfüllt. Die Kraft der Schamanin war auf sie übergegangen. Die Priesterinnen berichteten ihr, daß Tarane sich große Sorgen um sie gemacht habe, da sie drei Tage lang wie tot da gelegen hatte.

Akina begab sich sofort zu ihrer Familie und erzählte Tarane und Shana von ihrer Begegnung mit der wei-

sen Frau. Die Visionen verschwieg sie zunächst. Sie
würde Tarane und den anderen später davon berichte. Jetzt wollte sie sich erst einmal ausruhen.

Am nächsten Tag erwachte sie sehr früh. Der Auf-
trag der Schamanin ging ihr nicht mehr aus dem
Kopf. Die einzelnen Stationen ihres Initiationsweges
kamen ihr in den Sinn. Dabei fiel ihr Blick auf das
„Buch der Weisen" und auf einmal wußte sie, wie sie
den Weg verbergen konnte.

Sie setzte sich hin und begann zu schreiben:

Du mußt verstehn!
Aus Eins mach' Zehn,
Und Zwei laß gehn,
Und Drei mach' gleich,
So bist Du reich.
Verlier die Vier!
Aus Fünf und Sechs,
So sagt die Hex',
Mach Sieben und Acht,
So ist's vollbracht:
Und Neun ist Eins,
Und Zehn ist keins.
Das ist das Hexeneinmaleins.

Ende
des
1. Teils

EIN ALTER INITIATIONSWEG

Goethes *Faust*

Als Johann Wolfgang von Goethe seinen *Faust* schrieb, hatte er noch Zugang zu verschiedenen Zauberbüchern des Mittelalters.

„Goethe kam zu seinen ... Studien auf dem Gebiet der ... magischen Traditionen sehr früh, durch den Einfluß des Fräuleins von Klettenberg. ... Zusammen lasen nun die beiden ... die umfangreichen Bücher des Paracelsus, van Helmont, Welling. Ausdrücklich erklärt ... Goethe, daß er diese seine Arbeiten auf dem verfemten Gebiet „sehr heimlich betrieb" ..." .[1]
„Goethe hat sich im übrigen sehr genau mit der Zauberwelt um die Lager des fahrenden Volkes beschäftigt, wenn er auch ... etliche Stellen über die entsprechenden Überlieferungen in seinem Spätwerk tilgte" . [2]

Sehen wir uns nun die Szene in Goethes *Faust* an, in der das Hexeneinmaleins auftaucht. Faust und Mephistopheles befinden sich in der Hexenküche, in der Faust den magischen Trank bekommen soll, der ihn verjüngt.
Die Hexe zieht einen Kreis, in den sie verschiedene Gegenstände hineinstellt und liest aus einem Buch vor.

"Du mußt verstehn!
Aus Eins mach Zehn,
Und Zwei laß gehn,
Und Drei mach' gleich,
So bist Du reich.
Verlier die Vier!
Aus Fünf und Sechs,
So sagt die Hex',
Mach Sieben und Acht,
So ist's vollbracht:
Und Neun ist Eins,
Und Zehn ist keins.
Das ist das Hexeneinmaleins." [3]

Hierauf wird sie von Faust und Mephistopheles unterbrochen, wobei Mephistopheles noch einmal auf das Buch anspielt. „Ich kenn' es wohl, so klingt das ganze Buch; ich habe manche Zeit damit verloren, denn ein vollkommener Widerspruch bleibt gleich geheimnisvoll für Kluge wie für Toren ... ".[4] Daraufhin fährt die Hexe fort, aus dem Buch zu zitieren.

„Die hohe Kraft
Der Wissenschaft,
Der ganzen Welt verborgen!
Und wer nicht denkt,
Dem wird sie geschenkt,
Er hat sie ohne Sorgen".[5]

Mit diesen Zeilen wird darauf hingewiesen, daß hinter dem unverständlichen Hexeneinmaleins eine tiefe Weisheit verborgen liegt, die nur derjenige finden kann, der nicht danach sucht.

Die Beschreibung der Szene weist ebenfalls darauf hin, daß diese Zeilen aus einem „Zauberbuch" stammen, wahrscheinlich eines der Bücher, die der junge Goethe im Verlauf seiner Studien auf dem magischen Gebiet gelesen hat.

Des Rätsels Lösung

Das Hexeneinmaleins gibt genaue Anweisungen, wie das Rätsel zu lösen ist. Die Lösung liegt im Wortlaut des dreizehnzeiligen Verses (Dreizehn ist eine Mondzahl und war den vorchristlichen Religionen heilig). Wenn wir alle Zeilen durchnumerieren und dann so verfahren, wie die Anleitung lautet, erhalten wir folgendes:

1. Du mußt verstehn!
2. Aus Eins mach Zehn,   (den 1. Satz an 10. Stelle)
3. Und Zwei laß gehn,   (den 2. Satz streichen)
4. Und Drei mach' gleich,   (den 3. Satz an 3. Stelle lassen)

5. So bist Du reich.
6. Verlier die Vier!   (den 4. Satz streichen)
7. Aus Fünf und Sechs,   (aus dem 5. Satz
8. So sagt die Hex',   und dem 6. Satz
9. Mach Sieben und Acht,   den 7. und den 8. Satz machen)

10. So ist's vollbracht:
11. Und Neun ist Eins,   (den 9. Satz an 1. Stelle)
12. Und Zehn ist keins.   (den 10. Satz an 0. Stelle)
13. Das ist das Hexeneinmaleins.

10. So ist's vollbracht:
9. Mach Sieben und Acht,   (7+8)
3. Und Zwei laß gehn,   (-2)
8. So sagt die Hex',
7. Aus Fünf und Sechs,   (5+6)
6. Verlier die Vier!   (-4)
5. So bist Du reich.
1. Du mußt verstehn!

Wenn man diesen Vers nun als mathematische Aufgabe auffaßt, lautet sie: Mach 7+8-2 (=13) aus 5+6-4 (=7). Mach 13 Zeilen aus den 7 Schritten (verschlüssele die sieben Schritte des Weges in ein dreizehnzeiliges Gedicht). In der Lösung gibt es nur sieben Schritte, denn "Zehn ist keins" (auch die Sieben ist eine heilige Zahl).

Doch um welche sieben Schritte handelt es sich hier? Betrachten wir die Zahlenfolge des Lösungsverses, so erhalten wir die Zahlen 9, 3, 8, 7, 6, 5 und 1. Wenn man als „Hexe" eine „heidnische" Religion ausübt und sich traditionsgemäß auch mit psychologisch/ spirituell analysierenden Praktiken, wie zum Beispiel dem Tarotspiel, auseinandersetzt, erhält diese

Zahlenfolge eine tiefere Bedeutung.

Das Tarotspiel ist ein altes Kartenspiel, das zum Orakeln benutzt wurde und wird. Die Herkunft der Karten liegt im Dunkeln, von der Symbolik her vermutet man jedoch, daß es bis auf ägyptische Ursprünge hin zurückzuführen ist, „da Wissenschaftler die Große Arkana als ägyptische Hieroglyphen-Bücher erkannt haben wollen." [6] „Laut Gebelin sind die 22 Karten der Großen Arkana ein altägyptisches Buch, nämlich das Buch Thoth, das aus den Ruinen der brennenden ägyptischen Tempel geborgen wurde." [7] Mit Sicherheit sagen läßt sich jedoch, daß das Tarot seit dem 15. Jahrhundert zum Wahrsagen benutzt wird. [8]

Setzt man nun die Zahlenreihe des entschlüsselten Hexeneinmaleinses mit den Karten der Großen Arkana in Zusammenhang, erhält man folgenden Weg: 1. IX (*Der Eremit*), 2. III (*Die Herrscherin*), 3. VIII (*Die Gerechtigkeit*), 4. VII (*Der Wagen*), 5. VI (*Die Liebenden*), 6. V (*Der Hohepriester*) und 7. I (*Der Magier*).

Im folgenden werde ich nun aufzeigen, welche Bedeutung diese Karten im Zusammenhang mit einem Initiationsweg haben.

Die sieben Schritte

Der erste Grad im Hexeneinmaleins wird symbolisiert durch die Karte IX *Der Eremit.*

Betrachten wir die Karte genauer, sehen wir auf ihr einen alten Mann mit einem langen Bart, der in seiner linken Hand einen Stab und in seiner rechten Hand eine erleuchtete Laterne trägt. Der Mann steht auf einem hohen Berg, jenseits der Vegetationsgrenze. Hinter ihm ist der Eingang einer Höhle zu erkennen, die von innen erleuchtet zu sein scheint. Links von ihm sitzen zwei Raben, und rechts von ihm liegt eine Sanduhr, in deren beiden Kammern der Sand gleichmäßig verteilt ist.

Das Symbol des Berges bedeutet, daß der Eremit über den Dingen steht, die das Leben der anderen Menschen ausmachen. Hier in der Einöde ist er allein mit sich selbst.

Die Sanduhr, die auf dem Boden liegt, deutet an, daß Zeit hier unwichtig ist. Da der Sand in beiden Kammern gleichmäßig verteilt ist, zeigt dieses Symbol auch, daß sich der Eremit zwischen den Zeiten befindet.

Die beiden Raben zu seinen Füßen sind in der germanischen Mythologie dem Gott Wotan (Odin) zugeordnet und heißen dort Hugin (Gedanke) und Munin (Gedächtnis). Wotan schickt sie aus, um die Menschen auszukundschaften, und sie erzählen ihm dann, was sie gesehen und gehört haben, deshalb ist

Wotan allwissend.[9] Die Raben deuten an, daß dem Eremiten nicht gleichgültig ist, was in der übrigen Welt vor sich geht, nur, er betrachtet die Welt von außen, da er sich bewußt in die Wildnis zurückgezogen hat.

In der keltischen Mythologie sind die Raben der Göttin Morrigan geweiht, die die dunkle Seite der dreifaltigen Göttin verkörpert. Als die Vögel der schwarzen Göttin deuten die beiden Raben an, daß der Eremit in der Einsamkeit auch seinem Schatten begegnet.

Die Höhle hinter ihm ist der Eingang zum „Schoß der Großen Mutter", in den sich der Eremit zurückbegibt, um die Wandlung zu erfahren, die ihn zum Weisen macht.

Die erleuchtete Laterne in seiner Hand deutet an, daß der Eremit seine „Erleuchtung" bereits erfahren hat und mit diesem Licht seine Umgebung erhellt, damit er seinem Weg sicher folgen kann.

Die Zahl Neun, die die Karte trägt, symbolisiert das „In-sich-zurückziehen", das Suchen nach der Wahrheit in sich selbst.

Im Weg der Hexe steht die Karte IX *Der Eremit* für die Visionssuche in der Wildnis, die am Anfang der Schamanenausbildung steht. „Der Alte verkörpert ... Abgeschiedenheit ... Es geht hier ... um das Suchen von Wahrheit hinter den Bildern, und das erfordert Achtsamkeit, Sammlung, Askese, Fasten, Schweigen, Rückzug ... Dabei dringt er bis zu den Mysterien und in die tiefsten Abgründe ... vor." [10]

Von einigen Stämmen der amerikanischen Ureinwohner wissen wir, daß sich junge Menschen eine Zeitlang in die Wildnis begaben, bzw. begeben, um dort ihre Vision zu empfangen. Auch von einigen afrikanischen Stämmen ist dieser Brauch bekannt. „[Er] ist einer der wenigen Europäer, die den Mut aufbrachten, sich schamanistischen Bewußtseinstechniken zu unterziehen; er machte sich auf, die erste Übung ... zu absolvieren: Fasten, Einsamkeit, Beten." [11]

Für das heidnische Europa sind Anzeichen eines solchen Brauches in den Märchen erkennbar. Der Eremit wird hier verkörpert durch die alte, weise Frau, die abseits von den Dörfern in einer Hütte im Wald wohnt. Genauso wie der Eremit hat sie bewußt die übrige Welt hinter sich gelassen und betrachtet sie nun von außerhalb.

So, wie die Raben und der Höhleneingang auf der Karte IX *Der Eremit,* verkörpert auch sie die dunkle Seite der dreifaltigen Göttin, die der Heldin oder dem Helden hilft, Weisheit oder Kraft zu erlangen. Im Märchen tritt diese Frau zumeist als die Hüterin von Schätzen auf, die die Kraft, bzw. altes Wissen, repräsentieren. Diese Schätze werden dem jungen Menschen geschenkt, wenn er die Prüfungen der Alten bestanden hat.

In dem Märchen *Herzlieb und Walpurgis* läuft ein Waisenknabe, Herzlieb, aus Angst vor den Schlägen seiner Stiefmutter davon und verirrt sich im Wald. In einer felsigen, rauhen Gegend kommt er an ein kleines Häuschen aus Moos und Stein. Dort wohnt eine alte Frau mit ihrem schwarzen Kater. Sie nimmt Herzlieb bei sich auf, und er hütet ihre Ziegen. Abends erzählt die Alte, die sich Mutter Walpurgis nennt, lehrreiche Geschichten und unterrichtet ihn in den Geheimnissen der Natur.

Als Herzlieb älter wird, läßt Walpurgis ihn zur Jagd gehen, wo er einer Prinzessin das Leben rettet. Beim nächsten Mal steht Herzlieb, mit Hilfe von Walpurgis`Zauberkraft, dem Vater der Prinzessin während einer Schlacht bei. Der König ist Herzlieb deswegen dabei behilflich, das Erbe seines Vaters, dessen sich die Stiefmutter bemächtigt hatte, zurückzugewinnen. Daraufhin wird Herzlieb mit der Prinzessin verheiratet. In seiner Hochzeitsnacht träumt er, daß Walpurgis ihn besucht und ihm viele Gefäße mit Gold und Edelsteinen schenkt. Als er am nächsten Morgen aufwacht, erblickt er tatsächlich die Reichtümer, die ihm seine Ziehmutter gebracht hat.

Auch in dem Märchen *Rapunzel* ist ein Hinweis auf die Visionssuche, bzw. Suche nach Wissen in der Einsamkeit, vorhanden. So wird Rapunzel in ihrem zwölften Lebensjahr in einem Turm einquartiert, in dem sie wahrscheinlich von der Zauberin in den geheimen Künsten unterrichtet werden soll.

Leider sind viele Märchen, die über die Visionssuche junger Menschen bei der weisen Alten im Wald berichten, der Zensur der Inquisition zum Opfer gefallen, so daß aus der weisen Frau, die in geheimes Wissen einweiht, die alte böse Hexe wurde, die Kinder in einem Käfig mästet, um sie später im Ofen zu backen.

Der zweite Grad im Hexeneinmaleins wird durch die Karte III *Die Herrscherin* repräsentiert. Auf der Karte sehen wir eine junge Frau, die ein weißes Kleid mit roten Blumen trägt. Auf dem Kopf hat sie eine Sternenkrone und in ihrer rechten Hand hält sie ein Zepter. Sie sitzt auf einem orangeroten Thron, an den ein herzförmiger Stein gelehnt ist, auf dem das Zeichen für *Frau* abgebildet ist. Im Hintergrund sehen wir einen Wald, in dem ein Bach fließt, der zu Füßen der jungen Frau endet. Im Vordergrund befindet sich unreifes Getreide, das noch wachsen muß, bevor es geerntet werden kann.

Der Fluß symbolisiert die Verbindung der Frauen zum Wasser.

Das unreife Getreide im Vordergrund weist auf den endenden Frühling hin, ebenso wie das Alter der Frau, das zeigt, daß die Herrscherin gerade erst ihrem Frühling, dem Kindesalter, entwachsen ist.

Der orangerote Thron, auf dem die Frau sitzt, zeigt jedoch deutlich, daß die Frau erwachsen ist, denn sie menstruiert. Da das Kleid, welches sie trägt, aber weiß mit roten Blumen ist, wird ersichtlich, daß es sich hierbei um eine sehr junge Frau handelt, die das erste Mal menstruiert. Die weiße Göttin wird zur roten Göttin.

Somit steht die Karte III *Die Herrscherin* für das junge Mädchen, das zum ersten Mal menstruiert. Ab diesem Zeitpunkt ist sie biologisch eine Frau.

Im Weg der Hexe bedeutet die Symbolik der Karte die Aufnahme des jungen Menschen in den Kreis der Erwachsenen.

Da bei Frauen der Eintritt in das Erwachsenenalter deutlich durch die Menarche, die erste Regelblutung, gekennzeichnet ist, steht hier die weibliche Karte.

In vielen Kulturen werden die Mädchen nach der ersten Blutung offiziell durch ein Initiationsritual in den Kreis der erwachsenen Frauen aufgenommen.

Luisa Francia gibt eine Schilderung eines solchen Festes wieder, das bei den Makonde-Frauen in Ostafrika beobachtet wurde.

Während alte Frauen den Tanzplatz des Dorfes mit Besen säubern, sitzen die Novizinnen im Schatten eines Hauses am Boden und halten sich ihre Augen und Schläfen mit den Händen zu.

Dann beginnt der Tanz von einigen Frauen, die über den Platz hin- und zurücklaufen. Danach stimmen sie ein Lied an und überqueren singend und händeklatschend den Platz drei mal hin und zurück.

Nach einem zweiten Lied werden die Köpfe der Novizinnen von ihren Lehrerinnen mit Hirsebüscheln geschmückt. Danach tanzen die Frauen in einer engen Reihe hintereinander, wobei sie ihre Hüften kreisen lassen.

Nach dem Tanz werden Geschenke herbeigebracht und die Novizinnen werden mit Eiern bemalt. Da-

nach werden die Mädchen neu eingekleidet und geschmückt.

Nun geht das Fest mit Singen und Tanzen weiter. Die
Einzuweihenden tanzen mit den Frauen in einer Reihe im Kreis und bewegen sich dabei auf die Platzmitte zu. Dann löst sich der Kreis, und die Dorfälte-
ste stellt sich in die Platzmitte. Vor sie treten der Reihe nach alle Novizinnen und zeigen nun, was sie in
der langen Einsamkeit des Unyago-Unterrichtes gelernt haben. Anschließend wird der Tanz des ganzen
Dorfes durch eine Frau eingeleitet.[12]

Auch in Deutschland hat es solche Einweihungsfeste
von jungen Frauen gegeben. Darauf weisen Berichte
über Frauenfeste hin, bei denen die Frauen mit ent-
blößtem Unterkörper ekstatische Bewegungen aus-
führten. Diese Feste standen auch in engem Zusammenhang mit der Fruchtbarkeit, deren Beginn ebenfalls durch die erste Blutung der jungen Frau ange-
zeigt wird.[13]

Ein weiterer Hinweis darauf, daß die erste Blutung
eines Mädchen den Abschluß einer Phase und den
Beginn einer neuen kennzeichnete, hat sich in den
Märchen gehalten. Diese Märchen zeigen, daß die
Menarche in früheren Zeiten wichtiger genommen
wurde als heute, wo die erste Blutung meistens als
unwichtiges Ereignis heruntergespielt wird und im
Alltag untergeht.

In den Märchen taucht die erste Blutung der jungen
Frau zumeist in verschlüsselter Form auf, wie zum

Beispiel in der Geschichte *Jorinde und Joringel*, in der es um einen Jungen und ein Mädchen geht, die sich sehr lieben. Eines Tages wird Jorinde von einer bösen Zauberin in einen Vogel verwandelt, den diese dann einfängt und mit auf ihr Schloß nimmt. Dort hat sie bereits viele Jungfrauen, in Vögel verwandelt, eingesperrt.

Joringel wandert traurig umher und kommt in ein Dorf, in dem er lange Zeit als Schäfer tätig ist. Eines Nachts träumt er von einer blutroten Blume, mit deren Hilfe er Jorinde befreien kann. Er sucht neun Tage, bevor er die Blume findet. Daraufhin begibt er sich zum Schloß der Zauberin und befreit Jorinde.

Jorinde wird hier, zusammen mit anderen Jungfrauen, von einer weisen Frau, aus der die Zensur eine böse Zauberin machte, einer Lehrzeit unterzogen. Als ihr die rote Blume gebracht wird, das heißt, als sie zum ersten Mal menstruiert, ist ihre Lehrzeit zu Ende, und sie verläßt die weise Frau.

Auch in dem Märchen *Dornröschen* hängt die Lehrzeit des jungen Mädchen eng mit der ersten Regel zusammen (Dornröschen sticht sich an einer Spindel und fällt in einen hundertjährigen Schlaf), nur daß hier die Lehrzeit erst nach der ersten Blutung beginnt. Beendet wird sie auch hier durch das Eintreffen eines jungen Mannes, der vorher ebenfalls durch Prüfungen (Dornenhecke) beweisen muß, daß er kein Kind mehr ist.

Der dritte Grad des Weges der Hexe drückt sich in der Bedeutung der Karte VIII *Die Gerechtigkeit (Ausgleichung)* aus.

Auf der Karte sehen wir eine Frau, die mit beiden Händen ein Schwert hält, dessen Spitze in der Erde steckt. An ihrem kronenartigen Kopfschmuck ist eine Waage befestigt, deren Waagschalen, in denen die griechischen Buchstaben A (Anfang) und Ω (Ende) zu sehen sind, sich rechts und links von der Häfte der Frau im Gleichgewicht befinden.

Die ausgeglichene Stimmung, die die Karte ausstrahlt, wird noch dadurch verstärkt, daß die Frau ihren Körper auf den Zehenspitzen ausbalanciert. Vor ihrem Gesicht trägt die Gestalt eine Maske.

Maske, Waage und Schwert sind auch die Attribute von Justicia, der Göttin der Gerechtigkeit. Die Maske vor ihren Augen bedeutet, daß Justicia sich nicht von Äußerlichkeiten blenden läßt, sondern sich bei der Rechtsprechung nach ihrer inneren Stimme der Weisheit richtet.

Die Schwertspitze, die bei dieser Karte in der Erde steckt, „... deutet auf das Gegengewicht im Weiblichen hin ..., das den harmonischen Ausgleich nicht nur im denkerischen Handeln erkennt, sondern ebensosehr in den tiefen Schichten des Unbewußten entdeckt." [14]

Die sich im Gleichgewicht befindende Waage symbolisiert die spirituelle Balance, in der sich die Person auf der Karte befindet. Die ganze Karte steht somit als Bild für den Ausgleich, „... der sich durch die Konzentration im Gleichgewicht hält." [15]

Für den Weg der Hexe bedeutet die Symbolik der Karte, daß der Mensch, der diesen Initiationsweg geht, an diesem Punkt lernt, sich zu beherrschen und die Dinge unvoreingenommen zu betrachten. Das heißt, er wird sich bewußt, daß verschiedene Ansichten über eine Sache gleichwertig sind. So erhält er die Chance, zum Kern vorzudringen, wo ihm das wahre Wesen der Dinge bewußt wird.

Das Erreichen des Grades, der durch diese Karte symbolisiert wird, befähigt den Menschen dazu, den alltäglichen Dualismus zu überwinden und die damit verbundenen Vorurteile abzulegen, was ihm beim Erkennen der Wahrheit äußerst hilfreich ist. Hier offenbart sich auch eine der Bedeutungen des Begriffes der *Zaunreiterin* (tunridur), bzw. *Heckenreiterin* (Hagazussa), von dem sich das Wort Hexe ableiten läßt.

Die Hexe sitzt auf dem Zaun, der die Dualitäten voneinander trennt und verbindet beide zu einer Einheit. Sie ist die (Ver-)Mittlerin zwischen den Welten, weil sie, auf der Hecke sitzend, ihre Balance hält, die sie daran hindert, auf der einen oder anderen Seite herunterzufallen.

Da dieser Schritt nicht besonders spektakulär ist und sich die Veränderung einer Sichtweise auch nur

Schritt für Schritt, zumeist unsichtbar für die unmittelbare Umgebung, vollzieht, erscheint dieser Grad auf den ersten Blick als wenig wichtig. Die Erlangung dieser Sichtweise und der damit verbundenen inneren Balance ist jedoch eine wichtige Voraussetzung für die Einweihung in den nächsten Grad. Jemand, der die innere Balance nicht erreicht, wird niemals über diese Stufe hinaus gelangen. An diesem Grad scheiden sich die Menschen in diejenigen, deren Berufung im Spirituellen liegt, und in diejenigen, deren Berufung eher auf der weltlichen Ebene liegt.

Dieser Grad kennzeichnet auch das Ende des lichten Weges, der das Bewußtsein nur oberflächlich verändert, sowie den Beginn des schattigen Weges, der tief hinab in die Urgründe der Seele führt, wo sich die tiefgreifende Transformation des Bewußtseins vollzieht.

Der vierte Grad des Hexeneinmaleinses wird durch die Karte VII *Der Wagen* symbolisiert.

Auf der Karte ist ein Wagen abgebildet, der von zwei Sphinxen, einer schwarzen und einer weißen, gezogen wird. Auf dem Wagen steht der Wagenlenker, der von einer Sternenkrone geschmückt ist. Die Schulterblätter an seiner Rüstung werden von zwei Mondsicheln, einer zunehmenden und einer abnehmenden, gebildet. Das Wagendach ähnelt einem Baldachin, der mit silbernen Sternen verziert ist. Im Hintergrund des Wagens ist eine befestigte Stadt zu sehen.

Die beiden Sphinxen, die den Wagen ziehen, symbolisieren die dunklen und die hellen Mächte, zwischen denen der Wagenlenker die Balance halten muß. Sie stehen auch für die dunkle und die helle Seite der Magie.

Die Sternenkrone des Wagenlenkers symbolisiert sein Streben nach höherem Wissen.

Die beiden Mondsicheln drücken, genau wie die beiden Sphinxen aus, daß sich der Wagenlenker seinen Weg zwischen den Mächten des Lichtes und der Dunkelheit suchen muß, ohne beide aus den Augen zu verlieren.

Der Baldachin, wie auch das Verlassen der Stadt, zeigt, daß der Wagenlenker die Wahrheit nur fernab der Zivilisation, unter freiem Himmel, sozusagen im Einklang mit der Natur, finden kann.

In der Symbolik des Hexeneinmaleinses bedeutet diese Karte, daß der Mensch, der diesem alten Weg folgt, seine gewohnte Umgebung verlassen muß, um auf neuen, ihm unbekannten Pfaden, das Wissen zu erlangen, nach dem er strebt. Er muß seine ihm liebgewonnenen Vorstellungen und Gedankenmuster aufgeben, seine vertraute Logik, die ihn bisher sicher geführt hat, hinter sich lassen und sich dem Neuen, Unbekannten stellen, das jenseits seiner Vorstellungskraft in den tiefen Urgründen seiner Seele verborgen liegt. Aus dem Licht des Tages muß er sich in die Dunkelheit der Nacht begeben, die viele Geheimnisse birgt, die nur durch die Göttin selbst enthüllt werden können, deren Aspekt, unter anderem, auch die Mondin ist.

Die Karte VII *Der Wagen* bezeichnet somit eine Initiation, in der der Adept durch symbolischen Tod und die Wiedergeburt näher an die Quelle der göttlichen Kraft herangeführt wird. Hierbei wird er eingeweiht in das Wissen um die Anwendung dieser Kraft, im Einklang mit den Gesetzen der Natur.
Ob diese Initiation durch eine Glaubensgemeinschaft, durch eine Einzelperson oder durch höhere Wesen geschieht, ist für den Adepten zunächst unerheblich. Er wird in die Mysterien eingeweiht, die nicht jedermann zugänglich sind, und er wird durch das Nacherleben seines eigenen Todes und der anschließenden Wiedergeburt offen für Vorgänge,

die sich jedem rationalen Denken entziehen.

Mit dieser Einweihung in einen Kreis von Wissenden beginnt die eigentliche Ausbildung des Schamanen.

Naturgemäß sind diese Initiationsrituale nicht jedermann zugänglich.

Maya Deren beschreibt in ihrem Buch die Aufnahme eines Gläubigen in einen höheren Grad der spirituellen Gemeinschaft innerhalb der Voodoo-Religion.

„... Den ersten Abschnitt bildet die körperliche und spirituelle Reinigung. ... Danach zieht sich der Kandidat für einige Tage von der Welt zurück ... Er meditiert und badet häufig. Körper und Geist werden von der Vergangenheit gereinigt, und er befindet sich wieder im Zustand ursprünglicher Unschuld.

Als unschuldiges Geschöpf begibt er sich zum Anfang des Lebens zurück. In diesem ... Zustand steht er unter dem Schutz Ayizans ... Sie ist die psychische Gebärmutter, das spirituelle mütterliche Prinzip. Die Riten der spirituellen Geburt werden unter ihrer Schutzherrschaft vollzogen." Hierauf folgt eine Schilderung des Rituals, welches ihr zu Ehren abgehalten wird, um ihren Schutz für die rituelle Geburt zu erlangen. Am Ende dieser Zeremonie wird der Novize gebadet und "in ein weißes Laken gewickelt, als sei es ein Leichentuch. ... In diesem Stadium ist das vergangene Leben des Kandidaten gestorben, das was hinter ihm liegt, ist vollständig ausgelöscht. In diesem Zustand höchster Reinheit ... wird allmählich das neue Wesen empfangen. Vier Tage nacheinander wird der Körper des Neophyten ... mit Öl eingerieben. ... Und dann findet die Zeremonie der ersten spirituellen Differenzierung statt ... Zuerst wird die Schutzgottheit bestimmt, das heißt: die göttliche Kraft, die dieses Wesen vor allen anderen erfüllt." Das Wesen des Novizen wird nun rituell mit der Schutzgottheit verschmolzen. „Es handelt sich hierbei um eine Vermengung des kosmischen Loa mit der unmittelbar vom Bewerber stammenden Lebenskraft ... Nun wird die neugeschaffene Seele von zwei Kindern getauft ... Dieser Name ist ein Geheimname ..., welcher die Essenz des Selbst dieses Individuums enthält und daher bewahrt werden muß. Danach ruft man den ... [Schutzgott] in den Kopf dieser neugeschaffenen Seele; sobald dieser dort seinen Platz eingenommen hat, gibt man ihm von demselben Huhn zu essen, das zuvor für die Schöpfung ... [der Seele des Initiierten] verwendet [wurde]. Mit dieser Handlung ist die Erschaffung der Seele abgeschlossen. ... Diese Seele ... wäre indes nichts wert, würde sie nicht vom Feuer berührt. "

Hier folgt eine Schilderung der Zeremonie des Bruler-zin, in deren Verlauf der Initiierte seine Macht über das Feuer beweisen muß.

„Am darauffolgenden Morgen begibt sich der neu Eingeweihte wieder zurück in die Welt. ... Noch ist er schwach, und die Hounsis [Eingeweihten] müssen ihm häufig unter die Arme greifen und ihm helfen.

Dieser Prozessionszug ... macht an jedem der heiligen Bäume Halt, wo der Initiierte ... dem entsprechenden Loa rituell vorgestellt wird. Ist dieser Teil der Zeremonie abgeschlossen, hat der Initiierte endgültig den Rang eines Canzo erworben." [16]

Auch im Märchen hat sich noch eine Andeutung auf die Einweihung eines Neulings, in einen Kreis von Wissenden, gehalten.

In der Geschichte *Zauberhelene* geht es um einen jungen Prinzen, dessen Schwestern durch die Hochzeit mit drei Wissenden (Göttern), dem Sonnenkönig, dem Windkönig und dem Mondkönig, in den Kreis der Magiekundigen aufgenommen werden.

Auch der junge Königssohn möchte durch seine Heirat zu diesem Kreis gehören, und so erwählt er sich Zauberhelene, die nur denjenigen zum Mann nehmen will, der sie im Kampf besiegt, dessen Kräfte also stärker sind als ihre eigenen.

Durch eine List besiegt der Prinz Zauberhelene und verschafft sich so unberechtigten Zugang in die geheimen Kreise. Doch Zauberhelene stellt ihn auf die Probe, und als er diese aufgrund fehlenden Wissens nicht besteht, wird er durch den Flammenkönig Holofernes von ihr getrennt. Erneut versucht der Königssohn, Zauberhelene durch eine List wiederzugewinnen, doch Holofernes ist mächtiger als er, sein achtbeiniges Pferd holt die Fliehenden ein.

Daraufhin wird der Prinz durch seine Schwäger in

die geheimen Künste eingeweiht (er erhält einen Zauberstab aus Sonnen-, Wind- und Mondkraft) und wird von der Hexe Eisennase drei Prüfungen unterzogen. Als er diese besteht, erhält er zur Belohnung ein Pferd, mit dessen Hilfe er Zauberhelene befreien kann.

Sie kehren zurück auf Zauberhelenes Schloß und feiern erneut Hochzeit.

Der fünfte Grad im Hexeneinmaleins drückt sich in der Symbolik der Karte VI *Die Liebenden* aus.

Auf der Karte sind ein dunkelhäutiger König und eine hellhäutige Königin abgebildet, die sich an den rechten Händen halten. In ihrer linken Hand hält die Frau einen Kelch, der Mann in seiner linken Hand einen Speer.

Vor dem Paar stehen zwei Kinder. Ein dunkelhäutiger Junge steht vor der hellhäutigen Frau, ein hellhäutiges Mädchen vor dem dunkelhäutigen Mann. Der Junge faßt mit seiner rechten Hand nach dem Speer, in der linken Hand hält er eine Holzkeule. Das Mädchen greift mit ihrer linken Hand nach dem Kelch, wobei sich ihr Arm mit dem Arm des Jungen überkreuzt. In ihrer rechten Hand hält sie einen Rosenstrauß. Zu ihren Füßen ist eine Schlange abgebildet, die sich um ein geflügeltes Ei ringelt. Am rechten unteren Bildrand steht ein Adler, am linken unteren Bildrand hockt ein Löwe.

Hinter dem Paar erhebt sich eine große Gestalt, die segnend ihre Hände über die beiden Menschen hält. Zu Kopf dieser Gestalt, deren Gesicht nicht zu sehen ist, fliegt ein kleiner Amor mit Pfeil und Bogen. Rechts und links von Amor sind zwei Frauengestalten abgebildet.

Die Seiten des Bildes werden von einer geöffneten Flügeltür eingerahmt, die den Blick auf einen Lichttunnel freigibt.

Der Speer und der Kelch, der von dem Mann und der Frau gehalten werden, symbolisieren das männliche Element Feuer und das weibliche Element Wasser. Durch das Aufeinandertreffen dieser beiden Elemente wird die Verschmelzung dieser beiden Prinzipien angedeutet, die während des Rituals der heiligen Hochzeit stattfindet.

Die beiden Kinder, die jeweils vor der Person stehen, deren Farbe der ihren entgegengesetzt ist, sowie das Paar selbst bilden eine Einheit, wie sie in dem Zeichen des Tao, Yin-Yang, zum Ausdruck kommt, die Verschmelzung der Gegensätze. In dieser Vereinigung drückt sich die schöpferische Urkraft aus, die sich, der Mythologie nach, zuerst in zwei Hälften teilte, wie es in dem Mythos von Diana und Luzifer erzählt wird.[17]

Diese Urkraft wird auch durch das Weltenei zu Füßen der Figur symbolisiert, das von einer Schlange umwunden ist.

Die segnende riesengroße Gestalt, die in der geöffneten Tür hinter dem Paar aufragt, verstärkt die heilige Stimmung dieser Karte und läßt erahnen, daß hier ein heiliges, mystisches Ritual stattfindet.

Auf dem Initiationsweg des Hexeneinmaleins´ bezeichnet diese Karte das Ritual der heiligen Hochzeit.

Es gibt drei Versionen dieses Rituals, die davon abhängig sind, ob sich der Gott, die Göttin oder beide manifestieren.

Die Version, die auf der Tarotkarte dargestellt ist, ist diejenige, bei der sowohl die Göttin als auch der Gott sich manifestieren. Dieses Ritual ist auch im Tantra bekannt. Darüber hinaus gibt es viele Mythen von der Hochzeit zwischen einem Gott, bzw. einer Göttin und einem Menschen.

Die Skiöldungen, ein nordisches Königsgeschlecht, führten ihren Stammbaum zurück auf den Gott Wotan. Auch der Gott Heimdall gilt als Vater der Menschen.[18]

In den Märchen ist die Hochzeit zumeist der krönende Abschluß der Geschichte. Doch bevor es dazu kommt, muß die Heldin der Geschichte verschiedene Einweihungsstufen durchlaufen, an deren Ende dann die Hochzeit mit dem Partner steht.

In dem Märchen *Die drei Schwestern* geht es um ein Mädchen, die jüngste Schwester, die von den anderen beiden Schwestern in den Wald geführt wird, um dort zurückgelassen zu werden. Im Wald trifft das Mädchen einen alten Weisen, der in einem Häuschen im Wald wohnt und sie bei sich aufnimmt. Dort wohnt sie eine ganze Weile, hilft dem Weisen bei der Hausarbeit und lernt vieles von ihm. Ihre beiden Schwestern haben aber erfahren, daß sie noch am Leben ist und schicken eine alte Frau zu ihr, die sie töten soll. Beim ersten und beim zweiten Versuch holt der Alte die junge Frau wieder ins Leben zurück, beim dritten Mal jedoch versagen seine

Kräfte (er kann die Ursache des Scheintodes nicht herauszufinden), und die Jungfrau scheint tot zu sein. Da sie aber nicht wirklich tot ist, legt der Alte sie in seiner Hütte auf ein Bett.

Eines Tages kommt ein junger reicher Mann vorbei, der sich in die junge Frau verliebt und den Alten solange um die Jungfrau bittet, bis dieser schließlich einwilligt. Der junge Mann nimmt die schlafende Jungfrau mit zu sich nach Hause und bereitet ihr ein Zimmer, in das noch nicht einmal seine Mutter eintreten darf.

Als der junge Mann einmal auf Reisen geht und das Haus in der Obhut seiner Mutter zurückläßt, betritt diese das Zimmer, sieht die hübsche junge Frau, findet die Ursache für ihren todesähnlichen Schlaf heraus und holt diese wieder zurück ins Leben. Als der junge Mann von seiner Reise zurückkommt, ist er zunächst sehr erschrocken, bittet aber dann die Jungfrau, ihn zu heiraten. Sie willigt ein und die Hochzeit findet statt.

In der Geschichte finden sich einige wichtige Schritte des Initiationsweges wieder, wie er durch das Hexeneinmaleins beschrieben wird.

Ein Mädchen durchläuft in jungen Jahren eine Lehrzeit in der Einsamkeit (*Der Eremit*), wächst dabei zu einer Frau heran (*Die Herrscherin*) und erfährt durch ihren Tod und die anschließende „Wiedergeburt" ihre Initiation (*Der Wagen*).

Bemerkenswert an diesem Märchen ist, daß der Tod der Heldin durch eine alte Frau, die als Hexe bezeichnet wird (die Göttin, in ihrem Aspekt als Todesbotin), herbeigeführt, ihre anschließende Wiedererweckung jedoch durch die Mutter (der Aspekt der Göttin als Lebensspenderin) des jungen Mannes vorgenommen wird.

Nachdem die Jungfrau durch ihre Initiation gegangen ist, ist sie auch bereit für die Hochzeit (*Die Liebenden*).

Leider sind die meisten Märchen in ihrer heutigen Fassung zum Teil so verstümmelt, daß es schwerfällt, hinter den Geschichten die Beschreibung von Einweihungswegen und -riten zu erkennen.

Der sechste Grad im Hexeneinmaleins wird auf der Karte V *Der Hohepriester* dargestellt.

Auf dem Bild sieht man einen Mann in einem blauen Gewand, über dem er einen auberginefarbigen Umhang trägt. Um die Hüfte ist ein goldener Gürtel geschlungen, um den Hals trägt er ein Medaillon. Die Fibel, die seinen Umhang hält, ist ebenfalls aus Gold, ebenso wie sein Stirnband, dessen Vorderseite durch einen Stern geziert wird. In seiner linken Hand hält er einen Stab, der in zwei Schwingen endet. Seine rechte Hand ist erhoben, wobei Zeige- und Mittelfinger ausgestreckt sind.

Der Mann sitzt auf einem steinernen Thron, der vor einer quaderförmigen Steinsäule steht, die vom Licht beschienen wird. Zusammen mit einer anderen Steinsäule, die im Schatten liegt, und einem dritten Steinquader, der auf den beiden Säulen ruht, bilden diese ein Tor, in dessen Mitte ein blauer Vorhang flattert, auf dem Adler abgebildet sind.

Das Tor gibt den Blick frei auf ein Gebirge, über dem ebenfalls Adler kreisen. Die Farbe des Himmels ist gelb/orange, wie bei einem Sonnenaufgang.

Zu Füßen des Steinthrones, auf dem der Hohepriester sitzt, befinden sich Stufen, auf denen ein Schwert liegt.

Das Schwert, die Adlerzeichnungen auf dem Vorhang, die fliegenden Adler und die Schwingen auf dem Stab des Hohenpriesters symbolisieren das Luftelement, das für den klaren Verstand des Hohepriesters steht.

Das Stirnband mit dem Stern symbolisiert das dritte Auge und die hohe Entwicklung des sechsten Sinns.

Das Medaillon, das auf der Brust liegt, zeigt, daß das Herz des Hohenpriesters „rein" ist, das heißt, es handelt sich um einen Menschen mit hohen ethischen und moralischen Grundsätzen.

Die Farbe des Gewandes steht für das Wasser, das Element der Medialität.

Die beiden Säulen symbolisieren, daß der Hohepriester zwischen seinem Bewußtsein (Licht) und seinem Unterbewußtsein (Schatten) steht und sich beide Seiten in ihm die Balance halten.

Im Initiationsweg des Hexeneinmaleins´ beschreibt diese Karte einen Bewußtseinszustand, in dem die Ethik und Moral eines Menschen sowie seine geistigen und spirituellen Fähigkeiten voll entwickelt sind.

Ein Mensch, der diese Stufe erreicht hat, schöpft sein Wissen auch aus dem Unterbewußten, macht sich das Wissen, welches er aus dieser Quelle gewinnt, bewußt und analysiert es mit dem scharfen Schwert des Verstandes. Er ist ein bewußtes Medium, das heißt, er ist in der Lage, zwischen zwei Bewußtseinsstufen hin und her zu pendeln, um die Ahnungen, welche aus den Wassern des Unterbewußten aufsteigen, kritisch zu überprüfen. Nur dadurch ist er auch in der Lage, anderen diesen Zugang zur Quelle in sich selbst zu ermöglichen, er wird zum Lehrer.

Ab diesem Zeitpunkt ist die eigentliche Schamanen-ausbildung beendet. Um zu beweisen, daß seine Lehrzeit wirklich zu Ende ist, muß derjenige, der diesen Weg geht, eine Art Abschlußprüfung ablegen, in der seine geistigen und spirituellen Fähigkeiten sowie sein Charakter überprüft werden. Hat er diese Prüfung bestanden, ist er „offiziell" anerkannt und darf „praktizieren".

Eine Möglichkeit dieser „Abschlußprüfung" ist der sogenannte Schamanenkampf, bei dem LehrerIn und SchülerIn auf einer höheren Bewußtseinsebene ge-geneinander antreten. Diese Kämpfe können unter-schiedliche Formen annehmen, wie Holger Kalweit es in seinem Buch schildert. Manchmal lassen die Schamanen ihre Hilfsgeister gegeneinander antreten, oder sie begeben sich auf die Astralebene und ihre Seelen kämpfen in verschiedener Gestalt, zum Bei-spiel als Tiere, gegeneinander. Der Sieger hat dann die Pflicht, die Verletzungen, die er dem Verlierer beigebracht hat, zu heilen. Eine andere Möglichkeit dieses Duells ist, die eigenen Fähigkeiten (Telepa-thie, Telekinese, etc.) im Kampf gegen den anderen einzusetzen.[19]

Auch in den Märchen hat sich die Überlieferung von diesen Schamanenkämpfen, bei denen der Schüler

gegen den Lehrer kämpft, gehalten, wie zum Bei-
spiel in dem Märchen *List über List*.

In dem Märchen geht es um ein Geschwisterpaar,
das von einem Zauberer in seinem Haus, tief im
Wald, gefangen gehalten wird. Wenn die Kinder das
Alter von zweimal sieben Jahren, zweimal sieben
Wochen und zweimal sieben Tagen erreicht haben
(die sieben als magische Zahl/Initiationszahl; zweimal, denn es sind zwei Kinder), will er sie töten, um
sich selbst zu verjüngen. Da er jedoch öfters ausgeht,
gelingt es dem Jungen, ein Blick in das große Zauberbuch zu werfen. Daraufhin erfährt er vom Plan
des Zauberers, warnt seine Schwester und die Kinder
entschließen sich, zu fliehen. Jeden Tag, den der
Zauberer nun ausgeht, liest der Junge heimlich in
dem Buch und lernt daraus (er beginnt, seine eigenen
Fähigkeiten zu entwickeln).

Eines Tages überprüft er, ob er jetzt genug gelernt
hat, um die Flucht mit seiner Schwester zu wagen. Er
verwandelt sich in ein Eichhörnchen und seine
Schwester in einen Rosmarinstrauch. Nachdem er
sich und seine Schwester wieder zurückverwandelt
hat, fliehen die beiden Kinder aus dem Haus des
Zauberers. Als der Zauberer nun nach Hause kommt
und feststellt, daß sie geflohen sind, befragt er sein
Zauberbuch, welchen Weg sie genommen haben (er
wendet seine Psi-Fähigkeiten an) und verfolgt sie.

Die Geschwister hören ihn herankommen und der
Junge verwandelt sich in einen See und seine Schwe-

ster in einen Fisch (erste Prüfung). Der Zauberer ahnt nun, daß die Kinder ebenfalls zaubern können und läuft nach Hause, um ein Fischernetz zu holen. In der Zwischenzeit fliehen die Kinder weiter. Beim zweiten Zusammentreffen verwandelt der Junge sich und seine Schwester in Kapelle und Altar (zweite Prüfung). Der Zauberer beginnt nun, Feuerholz zu sammeln, um die Kapelle anzuzünden. Diese Gelegenheit nutzen die Geschwister zur Fortsetzung der Flucht. Als der Zauberer sie zum dritten Mal einholt, verwandeln sie sich in eine Tenne und ein Gerstenkorn (dritte und letzte Prüfung). Der Zauberer verwandelt sich daraufhin in ein Huhn und nähert sich dem Gerstenkorn, um es aufzupicken. Da ändert der Junge seine Gestalt in die eines Fuchses, packt das Huhn am Genick und beißt ihm den Hals durch (Schüler besiegt Lehrer). Die Kinder nehmen wieder ihre wahre Gestalt an und gehen nach Hause, wo sie mit offenen Armen empfangen werden.

Der siebte und letzte Grad im Hexeneinmaleins wird symbolisiert durch die Karte I *Der Magier*.

Auf dieser Karte ist ein Mann abgebildet, der mit einem weißen Gewand und einem roten Umhang bekleidet ist, von einer Fibel in Form einer Lemniskate gehalten.

Wie zuvor der Hohepriester trägt auch er ein goldenes Medaillon und einen goldenen Gürtel.

In der rechten Hand hält er einen Stab, mit dem er in Richtung Himmel weist, während die linke Hand zur Erde zeigt.

Vor dem Magier steht ein steinerner Altar, auf dem die Symbole für die vier Elemente liegen.

Über dem Magier wölbt sich ein Bogen, auf dem links das Zeichen A (Alpha) und rechts ein Ω (Omega) angebracht sind. Am Scheitelpunkt des Bogens, über dem Kopf des Magiers, findet sich erneut das Zeichen für die Unendlichkeit, die Lemniskate.

Im Hintergrund der Karte ist eine Wald- und Wiesenlandschaft abgebildet. Hoch über der ganzen Szene schwebt ein Adler.

Der Magier zeigt in seiner ganzen Art das Bild der absoluten Balance. Die rechte Hand, die zum Himmel weist, sowie die linke, die zur Erde deutet, symbolisieren, daß der Magier zwischen dem Oben und dem Unten steht und zwischen diesen Ebenen vermittelt. Er ist Medium zwischen dem Himmlischen und dem Irdischen. Doch auch zwischen der hiesigen Welt und der Anderswelt vermittelt der Magier, denn er befindet sich zwischen den Zeiten, zwischen dem Anfang (Alpha) und dem Ende (Omega).

Die Lemniskate sowie der hoch am Himmel kreisende Adler deuten auf ein erhöhtes spirituelles Bewußtsein hin, das die Schranken der Zeit überwindet.

Der Magier ist in der Lage, durch das Tor zu schreiten, das die beiden Welten voneinander trennt. Er kann sich in die Anderswelt begeben, und er findet auch wieder den Weg zurück. Durch die Kenntnis der alten Wege hat er auch die Macht über die Elemente erhalten, deren Symbole vor ihm, sozusagen griffbereit, auf dem Altar liegen.

Für einen Menschen, der den Weg des Hexeneinmaleins' geht, bedeutet diese letzte Stufe die Vollendung. Bevor diese letzte Bewußtseinsebene erreicht wird, muß der Initiant jedoch das Tor durchschreiten, das ihn in die Anderswelt führt.

Diese Reise wird auch als schamanistische Initiation bezeichnet und wurde, bzw. wird in vielen Kulturen unter dem Einsatz von wegweisenden, bewußtseinserweiternden Pflanzen vollzogen, die den Göttern geweiht sind. Aus diesem Grund birgt der letzte Schritt viele Gefahren in sich, da hier Wahnsinn und absolute Erkenntnis nahe beieinander liegen. Wenn ein Mensch diese Reise antritt, ohne dafür geeignet zu sein, könnte dieses unter den ungünstigsten Umständen schwere psychische Schäden (Paranoia, Schizophrenie, Realitätsverlust, u.ä.) verursachen, im günstigsten Fall passiert gar nichts.

Ein Angehöriger des Stammes der Dogrib, bei dem der Fliegenpilz als Sakrament im Schamanismus gebraucht wird, berichtet über seine schamanistische Initiation. „Ich besaß keine Willenskraft, keine Macht mehr über mich selbst. Ich aß nicht, schlief nicht, dachte nicht - ich befand mich nicht mehr in meinem Körper. ... Geläutert und für die Visionen gereift, erhebe ich mich, eine platzende Samenkugel im Raum. Ich habe die Weise gesungen, welche das Universum zerschmettert. Und die Weise, welche das Chaos zerschmettert, und war verdammt. Ich war bei den Toten und stürmte das Labyrinth." [20]

Auch der Gott Odin (Wotan), der als oberster Schamane gilt, reiste während seiner schamanistischen Initiation, der Runenerwerbung, neun Nächte lang in die Anderswelt, in der er Wissen und Macht erlangte.

In unseren Märchen und Sagen finden sich ebenfalls noch viele Hinweise auf eine Andersweltreise, bei der die Hauptperson Macht und Wissen erhält.

In dem Märchen *Distelchen und Blümchen* geht es um zwei Schwestern. Eine ist arrogant und gutaussehend, die andere, Distelchen, eher unscheinbar und bescheiden.

Als Distelchen eines Tages ihre Spindel in den Brunnen fällt und sie ihre Schwester darum bittet, sie in einem Eimer herabzulassen, nützt Blümchen die Gelegenheit, ihre Schwester loszuwerden, indem sie sie in den Brunnen stürzen läßt.

Nachdem Distelchen wieder zu sich kommt, erblickt sie eine Öffnung in der Brunnenmauer. Als sie hindurchkriecht, stellt sie fest, daß sie sich in der Anderswelt befindet, in der die Erdweiblein und -männlein wohnen. Nachdem sie für diese einige kleine Arbeiten verrichtet hat, fragt sie die Erdweiblein nach dem Weg zurück. Der Weg sei sehr lang, bekommt sie zur Antwort, und damit sie sich nicht verlaufe, solle sie dem Geiger folgen, der den Weg kenne.

Auf ihrer Reise kommen sie zu einer großen Stadt, an deren Tor Distelchen einer Frau begegnet, die sie fragt, zu welchem Tor sie einziehen möchte, zum Rosentor oder zum Dornentor. Distelchen besteht diese erste Prüfung, denn sie wählt das Dornentor. Daraufhin wird sie zu einem Tor aus roten Rosen geführt, und als sie hindurchgeht, regnen rote Rosen auf sie herab und alles Unscheinbare fällt von ihr ab. Doch Distelchens Wesen bleibt wie es war und deshalb besteht sie auch die beiden anderen Charakterprüfungen. Nachdem Distelchen alle drei Prüfungen hinter sich gebracht hat, folgt sie wieder dem Geiger, der sie durch ein weißes Rosentor aus der Stadt herausführt. Als sie das weiße Tor durchschreiten, wachsen ihnen Flügel und sie legen den Rest des Weges fliegend zurück. Als sie endlich am Ziel, einem Berg, angekommen sind, bittet der Geiger Distelchen, ihn zu küssen, was sie auch tut. Daraufhin erhält sie die Fähigkeit, alle (Zauber-) Lieder des Erdgeigers zu singen. Außerdem gelingt ihr durch die Hilfe der Erdweiblein nun alles, was sie sich vornimmt.

Durch die Andersweltreise hat sie aber nicht nur neue Fähigkeiten erworben, auch äußerlich hat sie sich gewandelt.

DER TANZ DER GÖTTER
oder
DIE GESCHICHTE EINER
SCHAMANISTISCHEN INITIATION

Es war einmal eine Zeit, da die Menschen verlernt hatten, mit den Pflanzen und Tieren zu reden und vergessen, ihre Mutter Erde zu ehren. Auch die wenigen, die dieses Wissen noch hatten, verbargen sich, weil sie den Spott der anderen fürchteten.
Das Land der Menschen und das Land der Feen, die Anderswelt, lagen in Dunkelheit, denn lange schon war es her, daß es Wanderer zwischen den Welten gab.

Da lebte in einer kleinen Stadt ein Mädchen, das in frühester Kindheit Freundschaft mit einer Quellnymphe geschlossen hatte. Diese Nymphe schenkte dem Mädchen viele alte Gesänge, die sehr machtvoll waren.
Als das Mädchen älter wurde, begann es, durch die Welt zu wandern, und es lernte viele Dinge, doch irgendetwas in ihr fühlte sich seltsam entzweit an, und das Mädchen war stets von einer tiefen Traurigkeit erfüllt. In einigen Nächten lag es wach und hörte tief in sich einen Schmerzensschrei, der von Mutter Erde zu kommen schien. Da fühlte das Mädchen, das inzwischen zu einer Jungfrau herangewachsen war,

daß es Zeit wäre, wieder zurückzukehren an den Platz ihrer Kindheit, an dem die Nymphe immer noch auf sie wartete.

Die Jungfrau spürte in sich den Drang, der Welt der Menschen und der Welt der Feen zu helfen, koste es, was es wolle.

So machte sie sich erneut auf die Wanderschaft, doch diesmal gelangte sie in einen Teil der Welt, der ihr völlig unbekannt schien.

Sie kam an einen Waldrand, doch die schmalen Pfade waren zugewuchert und nur noch sehr schwer zu erkennen. Zögernd begann sie, sich einen Weg durch das Gestrüpp zu bahnen, als ihr eine Katze über den Weg lief. „Wer bist du?", fragte die Katze. „Ich kenne meinen Namen nicht.", sagte die Jungfrau. „Und wohin willst du?" „Ich will dem Weg folgen." „Warum?" „Weil ich die alten Wege wieder öffnen will, damit beide Welten heil werden." Da ließ die Katze sie durch.

Lange wanderte die Jungfrau. Waren's Tage, waren's Jahre, ich weiß es nicht.

Endlich kam sie an einen großen Baum. So sehr sie sich auch bemühte, sie konnte nicht erkennen, wo der Baum endete, denn sein Stamm wuchs bis in die Wolken.

In der Nacht begann die Jungfrau, den Baum zu erklettern. Sie war gerade vierundzwanzig Jahre alt geworden. Immer höher und höher kletterte sie, bis sie die Erde unter sich nicht mehr sehen konnte. Angst überfiel sie, aber sie kletterte weiter.

Schließlich erreichte sie die Baumkrone. Sie war in einer anderen Welt. Über ihr drehten sich Gestalten im Kreis und erträumten tanzend die Welt. Plötzlich hielten sie inne. „Was willst du?", fragten sie die Jungfrau. „Ich will, daß Mutter Erde weiterlebt, ich will nicht, daß die Menschen sie töten." „Bist du bereit zu sterben? Dann kannst du mit in unserem Kreis tanzen, denn jeder von uns erzählt die Geschichte weiter. Doch nun ist der alte Traum zu Ende, und ein neuer Traum ist noch nicht geträumt, weil lange, lange niemand mehr aus deiner Welt den Weg zu uns gefunden hat." Die Jungfrau überlegte. Doch die Vorstellung, sich ewig im Kreis zu bewegen, erschien ihr nicht besonders verlockend. Außerdem wollte sie noch anderen den Weg zeigen. „Nun, überleg nicht zu lange, sonst hört alles auf zu existieren. Wir brauchen einen neuen Traum." Panik überfiel die Jungfrau. Lag es jetzt an ihr, ob die Welt weiterleben konnte? "Mir fällt nichts ein. Ich will nur, daß alles wird wie früher, als die Menschen noch im Einklang mit sich selbst und der Natur lebten." „Du kannst die Zeit nicht rückwärts laufen lassen. Du kannst nur den Kreis schließen, und alles beginnt von vorne." Wieder überlegte die Jungfrau. Alles sollte wieder von vorne beginnen? All die Greueltaten, die im Verlauf der Geschichte passiert waren, sollten sich wiederholen? Es schien, als könnten die Wesen ihre Gedanken lesen. „Hast du vielleicht einen Traum, eine unvollendete Geschichte oder eine Vision?" Ja, eine Vision hatte sie tatsächlich. Ein Lied, das sie vor langer Zeit einmal gehört hatte. Sie sang ihnen das Lied vor.

Lächelnd hörten die Wesen zu. „Das ist gut. Das ist sogar sehr gut. Jetzt können wir weitertanzen. Doch sage uns, hast du keine Wünsche?" „Doch, ich will, daß alle Unterdrücker aufhören, andere zu unterdrücken. Ich will, daß die Menschen wieder verantwortungsvoller mit der Natur umgehen." „Hast du denn keinen Wunsch für dich selbst?" „Doch! Ich will, daß der Mondfarn wieder wild wächst, denn er zeigt den Menschen den Weg in eure Welt." „Sonst nichts?" „Nein, das ist alles!"

Plötzlich fing alles an, sich um die Jungfrau zu drehen, und sie fühlte sich in einen dunklen Strudel hineingezogen.

Als sie wieder zu sich kam, war sie zu Hause.

Jetzt wußte sie, daß es noch Hoffnung gab.

Ende
des
2. Teils

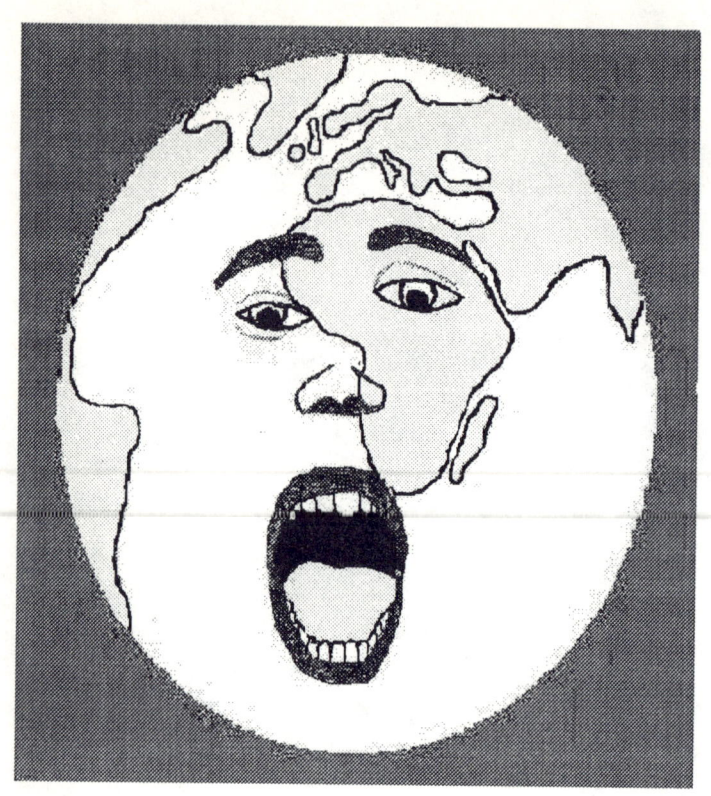

NACHWORT

Das Hexeneinmaleins ist ein alter schamanistischer Initiationsweg. Aus den einzelnen Stationen läßt sich schließen, daß er aus einer Zeit stammen muß, in der die Stammesstrukturen noch weitgehend intakt waren (siehe 1.Grad: Visionssuche, 2.Grad: Initiation in den Kreis der Erwachsenen, Pupertätsriten). Der Weg stammt also aus vorchristlicher Zeit.

Die Verschlüsselung des Weges erfolgte jedoch, allem Anschein nach, zu einer Zeit, in der der Zusammenhang zwischen „Hexen" und den spirituellen Führern und Bewahrern der vorchristlichen Religionen klar war („HEXEN"einmaleins).
Das Hexeneinmaleins ist das „Einmaleins" der „Hexen", der weisen Frauen und Männer eines Stammes. Schritt für Schritt wurden die Adepten tiefer in die Mysterien eingeführt. Zu jedem Schritt gehörte auch eine Prüfung, die nur diejenigen bestehen konnten, bzw. können, die auserwählt wurden, diesen Weg zu gehen.
Jeder, der den Weg aus reiner Geltungssucht oder gar Machtgier beschreitet, wird an den Prüfungen scheitern. Besonders deutlich zeigt sich das an der letzten Einweihungsstufe. Nur wer reinen Herzens ist, wird mit Gaben aus der Anderswelt zurückkehren. Auch auf dieser Reise finden Prüfungen statt, denen der

Adept durch die Hüter des alten Weges, Wesen aus der Anderswelt, unterzogen wird. Nur so ist gewährleistet, daß niemand, der der Macht nicht würdig ist, diese erhält. Das Hexeneinmaleins schützt sich so selbst vor Mißbrauch.

Allen, die diesen Weg einfach mal so ausprobieren wollen, sei gesagt: Das Hexeneinmaleins ist kein Spiel! Es ist alt und sehr kraftvoll, und wer diesen Weg ohne den nötigen Respekt betritt, wird sich sehr bald im Unterholz verirren, denn dieser Weg ist sehr verschlungen und schon viele haben sich in der Dunkelheit verlaufen!

Doch denjenigen, die diesen Weg beschreiten, weil sie tief in sich fühlen, daß es ihr Weg ist, wird das Hexeneinmaleins tiefste Geheimnisse enthüllen. Schritt für Schritt werden sie durch die Hüter des Weges in die alten Mysterien eingeführt, wenn sie den Mut haben, sich den Prüfungen zu stellen.

Doch Vorsicht, auf diesem Weg liegen Erkenntnis und Wahnsinn nahe beieinander!

Vielen Dank an meinen Mann, Emmanuel S. C.,
für seine Liebe und seine
spirituelle Unterstützung.

Dank auch an diejenigen,
die es gewagt haben,
den Weg zu beschreiten,
für das Vertrauen, das sie mir entgegenbringen.
Danke, Sonja M., Steffi S., Susanne H., Alexandra S.
und Cora S.

Und Dank an meine Brüder und Schwestern,
die mir immer wieder zeigen,
daß ich auf dem richtigen Weg bin.
Danke, Natascha M., Anke B., Bjørn J., Nicole J.,
Anke vom Lichtpunkt, Silvia H. und all den anderen,
die mir im Geiste nah sind.

Seid gesegnet.

QUELLENVERZEICHNIS

1   Golowin, Sergius *Die weisen Frauen*, Basel
     1982
     S.268

2   s.o. Golowin, Sergius
     S.271

3   Goethe, Johann W. von *Faust I*, Gütersloh 1946
     S.109

4   s.o. Goethe, Johann W. von
     S.109

5   s.o. Goethe, Johann W. von
     S.109

6   Kaplan, Stuart R. *Der Tarot*, München 1984
     S.14

7   s.o. Kaplan, Stuart R.
     S.15

8   s.o. Kaplan, Stuart R.
     S.56

9   Simrock, Karl *Die Edda*, Essen 1987

10   Akron u. Banzhaf, Hajo *Der Crowley-Tarot*,
     München 1991
     S.62

11   Kalweit, Holger *Urheiler, Medizinleute und
     Schamanen*, München 1992
     S.99

12   Francia, Luisa *Drachenzeit*, München 1987
     S.31f

13   Duerr, Hans Peter *Traumzeit*, Frankfurt a. M.
     1984
     S.61ff

14   s.o. Akron u. Banzhaf, Hajo
     S.59

15   s.o. Akron u. Banzhaf, Hajo
     S.58

16   Deren, Maya *Der Tanz des Himmels mit der
     Erde*, Wien 1992
     S.241ff

17 Leland, Charles G. *Aradia*, München 1987
   S.29ff

18 s.o. Simrock, Karl
   S.7 / S.115ff

19 s.o. Kalweit, Holger
   S.189ff

20 Schultes, Richard E. u. Hofmann, Albert
   Pflanzen der Götter, Bern 1980
   S.85

LITERATURVERZEICHNIS

- Akron u. Banzhaf, Hajo *Der Crowley-Tarot*, München 1991

- Duerr, Hans Peter *Traumzeit,* Frankfurt a. M. 1984

- Francia, Luisa *Drachenzeit,* München 1987

- Simrock, Karl *Die Edda*, Essen 1987

- Goethe, Johann W. von *Faust I*, Gütersloh 1946

- Golowin, Sergius *Die weisen Frauen*, Basel 1982

- Kalweit, Holger *Urheiler, Medizinleute und Schamanen,* München 1992

- Kaplan, Stuart R. *Der Tarot*, München 1984

- Schultes, Richard E. u. Hofmann, Albert *Pflanzen der Götter*, Bern 1980

IN VORBEREITUNG

Varuna Holzapfel

Arbeitsbuch zum Hexeneinmaleins
Praktisches Arbeiten mit dem Hexeneinmaleins
im Kreislauf des Lebens

Die Autorin beschreibt in ihrem neuen Buch die
wichtigen Abschnitte im Lebenszyklus eines Menschen:

- Geburt, Wasserweihe, Visionssuche, Aufnahme
in den Kreis der Erwachsenen, innerer Ausgleich,
Initiation in einen Geheimbund, Heilige Hochzeit,
Schwangerschaft, Weihe zum/zur Hohenpriester-
In, schamanistische Initiation, Tod -

und ihren Bezug zum Hexeneinmaleins;

- den Umgang mit diesen Lebensabschnitten in Europa und anderswo.

- Gedichte zum Einstimmen auf die Feste (Zeremonien, Rituale), begleiten die einzelnen Abschnitte ebenso wie Anregungen/Anleitungen zur
Gestaltung der einzelnen Feste, und vieles mehr.

Broschiert, 128 Seiten - DM 24,80 -
ISBN 3-926374-55-1

Draja Mickaharic
Magia
Handbuch für geistigen Schutz

Mit Hilfe dieses Buches lassen sich die meisten alltäglichen Probleme lösen, die mit negativen Menschen, Orten und Dingen zu tun haben.

Zu den Hausmitteln des Autors gehören Rezepte für Kräuter-, Blüten- und Nußbäder, die heilen, entspannen und den Verstand schärfen, sowie Liebesbäder und Bierbäder gegen den "bösen Blick".

Das Buch zeigt, wie man nach einem Streit die Atmosphäre reinigen kann, wie ein Glas Wasser den Schlaf beschützt und Eier die Loslösung von alten Beziehungen fördern - ein ganz einfacher, aber wirkungsvoller Weg, sich zu schützen, ohne tief in die Magie einsteigen zu müssen.

126 Seiten, broschiert, DM 19,-, ISBN 3-926374-34-9
Smaragd Verlag

Scott Cunningham
Magie in der Küche
Nahrung für die Seele

Mythen, Zauber, altes Wissen ...

Liebe geht durch den Magen - aber nicht nur das. Die Energien des Kosmos sind in den Pflanzen und allem, was die Natur uns schenkt gespeichert - also auch in der Nahrung.

Scott Cunningham beschreibt sehr anschaulich, wie man diese Energien im positiven Sinne für sich nutzen und somit sein Leben neu entdecken und gezielt verbessern kann.

(Mit Rezepten, Zaubersprüchen und magischen Tricks)
304 Seiten, broschiert, DM 29,80, ISBN 3-926374-36-5
Smaragd Verlag

esotera

DER SINN DES KRANKSEINS

Das führende Magazin für Neues Denken und Handeln

Das Bewußtsein bestimmt die Welt um uns herum. Vom Bewußtsein hängt es ab, ob Sie ein glückliches, sinnerfülltes oder scheinbar glück- und „sinnloses" Leben führen. Es prägt unser Denken und Handeln.

Das ist das Spezialgebiet von **esotera**: das „Wesentliche" des Menschen, sein Bewußtsein, seine verborgenen inneren Kräfte und Fähigkeiten. **esotera** gewährt Einblick in die „wahre Wirklichkeit" hinter dem „Begreifbaren".
Und gibt Antworten auf die

brennende Fragen, die irgendwann jeden zutiefst bewegen: Woher kommen wir? Wohin gehen wir?

esotera weist Wege aus der spirituellen Krise unserer Zeit. Wege zu einem erfüllteren Dasein: mit kompetenter Berichterstattung über neueste und uralte Erkenntnisse, mit faszinierenden Reportagen, aktuellen Serien und praktischen Info-Rubriken: z.B. Literatur-, Musik- und Video-Besprechungen, Leser-Forum, Marktnische usw.

Und jeden Monat das „KURS-BUCH", die umfangreichste Zusammenstellung esoterischer und spiritueller Veranstaltungen, Kurse, Reisen und Seminare weltweit – als kostenloses Extra zu jedem Heft dazu.

Die ständigen Themenbereiche in jedem Heft:
**Neues Denken und Handeln
Ganzheitliche Gesundheit
Spirituelle Kreativität
Esoterische Lebenshilfen
Urwissen der Menschheit
Paranormale Erscheinungen**

Im Zeitschriftenhandel. Oder Probeheft direkt vom

Verlag Hermann Bauer KG
Kronenstraße 2 - 4
79100 Freiburg

Telefon 0761 / 7082-111
Telefax 0761 / 701811
E-Mail: Hermann-Bauer-KG@T-Online.de